*Das Rendite-Handbuch*

# *Das Rendite-Handbuch*

## Der verständliche Weg zu hohen Renditen

Frank Helbing und Jan Lippert

Bibliografische Informationen der Deutschen Bibliothek

Die Deutsche Bibliothek verzeichnet diese Publikation in der Deutschen Nationalbibliografie; detaillierte bibliografische Daten sind im Internet über http://dnb.ddb.de abrufbar.

Dieses Werk ist urheberrechtlich geschützt.

Alle Rechte, auch die der Übersetzung, des Nachdrucks und der Vervielfältigung des Buches oder Teilen daraus, vorbehalten. Kein Teil des Werkes darf ohne schriftliche Genehmigungen des Verlages und der Autoren in irgendeiner Form (Fotokopie, Mikrofilm oder ein anderes Verfahren) verarbeitet, vervielfältigt oder verbreitet werden.

Das Rendite-Handbuch, 1. Auflage

© 2006 Frank Helbing und Jan Lippert

**Herstellung und Verlag:** Books on Demand GmbH, Norderstedt.
**ISBN:** 3-8334-5417-2
978-3-8334-5417-2

# Inhaltsverzeichnis

1. Einführung
2. Der Kapitalmarkt nach der New Economy
3. Der Einfluss internationaler Börsen und Indizes
4. Aktien, Optionsscheine, Knock-outs
5. Kapitalaufbau und die richtige Einstellung zum Erfolg
6. Grundlagen Chartanalyse
7. Erfolgreiche Strategien
8. Die richtige Einschätzung des Marktes
9. Der Weg zum eigenen Depot
10. Zehn Schritte zur Auswahl des richtigen Wertpapiers
11. Zehn Grundregeln für den Erfolg
12. Das sollten Sie auf jeden Fall vermeiden!
13. Positiv denken - angstfrei handeln
14. Welcher Anlagetyp sind Sie?
15. Aus Erfolgen lernen
16. Börsenweisheiten
17. 20 Fragen, die Ihr Wissen testen. Sind Sie bereit?
18. Resümee - Ausblick

# 1. Kapitel
## Einführung

Sehr geehrte Leserin, sehr geehrter Leser,

die Presse ist fast jeden Tag gespickt mit neuen Hiobsbotschaften - sei es der verspätete Eintritt in das wohlverdiente Rentenalter oder die Unsicherheit um den eigenen Arbeitsplatz, Lohnkürzungen oder Werksschließungen. Wir könnten die Liste wohl noch ein wenig ausdehnen. Aber das ist nicht das Ziel dieses Buches. Neben allen schlechten Nachrichten sind aber auch andere Informationen der Presse zu entnehmen - wenn auch stellenweise durch den Boulevardjournalismus drastisch verschärft. Große deutsche Banken erzielen Milliardengewinne, Hedge-Fonds kaufen Firmen, um diese zu zerschlagen und mit stellenweise dreistelligen Renditen wieder zu verkaufen - andere wiederum erzielen auch in schlechten Börsenzeiten Gewinne. „Wie machen die das nur?", fragen Sie sich vielleicht oft. Dieses Buch liefert die Antwort.

Ein uns bekannter Geschäftsführer einer Steuerkanzlei erzählte einmal eine interessante Geschichte: „Die

Millionen und Milliarden Euro schwimmen alle in einem Fluss, wie Fische. Jeder sieht diesen Fluss - viele davon jedoch nur aus weiter Ferne. Einige trauen sich sogar an das Ufer. Von diesen Leuten fassen wieder ein paar mit der Hand ins Wasser, von der Hoffnung getrieben, einmal einen Schein zu fassen. Und Sie bekommen auch diesen Schein - leider verirren sich nur selten die großen Scheine an das Ufer. Einige wenige Leute bauen eine Brücke über den Fluss. Doch die Brücke ist teuer, aber eines Tages ist sie fertig. Nun fehlt jedoch das Geld, um sich eine Angel, geschweige denn ein teures Netz zu leisten. Die richtig Cleveren und Mutigen haben sich ein Boot besorgt. Damit können sie den ganzen Fluss entlang abfahren und dort anhalten, wo die Schwärme mit den großen Scheinen sind. Dafür brauchen sie weder Angel noch Netz. Ihnen reicht die bloße Hand."

Ihr Boot ist dieses Buch, jedoch müssen Sie vorher noch lernen, wie Sie das „Boot" bewegen können, in welche Richtung Sie es steuern, nämlich dorthin, wo die größten „Schwärme" zu finden sind. Wir versuchen Ihnen hier die Grundlagen und Tricks zu vermitteln. Bewegen müssen Sie das „Boot" aber dann doch allein...

# 2. Kapitel
# Der Kapitalmarkt nach der New Economy

Der Zusammenbruch des Deutschen Aktienindex ab März 2000 ist vielen noch allgegenwärtig. Manche Kleinanleger verloren sehr viel Geld. Lassen Sie uns in diesem Kapitel zunächst einmal den Markt im Jahr 2000 analysieren.

Mit der Herausbildung der sog. New Economy (zu deutsch: Neue Wirtschaft) entstand in der Welt ein neuer Wirtschaftszweig. Es waren Unternehmen, die keine Güter im klassischen Sinne herstellten, beispielsweise Autos, Kleidung oder Lebensmittel, sondern sich vermehrt mit der Verarbeitung von Informationen befassten. Diese Unternehmen erzielten anfangs sehr schnell hohe Umsätze und gingen fast noch schneller an die Börse. Materielle Gegenwerte besaßen sie kaum, vielmehr waren es das reine Wissen und Können der Mitarbeiter. Sie bildeten den Unternehmenswert. Und mit diesen Werten wurden die Unternehmen an der Börse gehandelt. Die Umsatz- und Gewinnprognosen schnellten nach oben, ebenso die Aktienkurse. Zweistellige Renditen in kurzer Zeit waren quasi „normal". Viele Kleinanleger stiegen damals ein, ohne den wahren Unternehmenswert richtig eingeschätzt zu haben. Die Kurse explodierten, da viele eine Aktie um jeden Preis haben wollten.

Jetzt stellen Sie sich vor, Sie haben gerade für 100 Euro beim ersten Feinkosthändler am Platz eine Flasche Champagner gekauft. Nach einiger Zeit stellen Sie erschrocken fest, dass die Flasche nur zu einem Zehntel gefüllt ist. Was machen Sie nun? Sie würden zum Händler gehen und das Geld zurück verlangen. Der Händler unterstellt jedoch, dass Sie die Flasche schon angetrunken hätten und gibt nur 10 Euro zurück. Einen weiteren Kunden wird dieser restliche Champagner für 10 Euro angeboten. Dieser stellt jedoch fest, dass es eigentlich nur Mineralwasser ist - 0,2 Liter Mineralwasser kann der Verkäufer aber nur für 1 Euro zurücknehmen. Von den betrügerischen Absichten des Verkäufers einmal abgesehen, bleibt sachlich festzustellen, dass die Flasche, die anfangs für 100 Euro gekauft wurde, lediglich einen Wert von einem Euro hat.

Genauso lief es an der Börse. Im März 2000 haben viele Anleger festgestellt, dass die boomenden Unternehmen gar keinen Wert besitzen und sind so schnell wie möglich ausgestiegen. Viele Kleinanleger waren aber noch von den hohen Renditen geblendet und haben ihre Aktien erst gar nicht und dann viel zu spät zu jedem Preis, auch weit unter dem Einstiegswert, verkauft. Die „Blase" war geplatzt, der Neue Markt ist eigentlich ganz folgerichtig zusammengebrochen - wie ein Kartenhaus.

Auch wenn viele von Ihnen sicherlich über die Aktie der Telekom schimpfen, so muss einfach Folgendes gesagt sein: Der Ausgabepreis der Aktie lag bei etwa 15 Euro. Zu Spitzenzeiten hatte sich der erste Preis versieben- oder gar verachtfacht und notierte bei über 100 Euro. Im darauf folgenden Tiefststand war die Aktie nur noch 8 Euro wert. In diesem Buch soll Ihnen gezeigt werden, wie Sie diese Riesenverluste vermeiden können - oder wie Sie gar von fallenden Kursen profitieren werden.

Ein guter Indikator, um den Wert einer Aktie festzustellen, ist das sog. Kurs-Gewinn-Verhältnis (KGV). Es beschreibt das Verhältnis des aktuellen Aktienkurses zum aktuellen Unternehmensgewinn je Aktie. Unternehmen im Deutschen Aktienindex haben in der Regel ein KGV zwischen 10 und 20. Kommen wir noch einmal auf unser Champagnerbeispiel zurück. Sie haben eine Flasche für 100 Euro gekauft, wogegen letztlich nur ein „Gewinn" von 1 Euro zu Grunde liegt. Das KGV würde demnach 100 betragen. Unternehmen des Neuen Marktes hatten vereinzelt sogar ein KGV von mehreren Hundert, um Ihnen die Tragweite noch einmal zu verdeutlichen.

Viele überteuerte Firmenübernahmen in dieser Zeit haben die Bilanzen der Unternehmen unnötig aufgebläht. Die Kosten für die Eingliederungen und die neuen Verwaltungen überstiegen den Mehrwert, den so genannten Synergieeffekt, bei weitem. Nachdem die Aktienkurse der Unternehmen immer weiter schrumpften, wurden die Probleme erkannt. In den nachfolgenden Jahren fuhren wieder viele Unternehmen ihre Aktivitäten auf die eigentlichen Kernkompetenzen zurück. Aufgeblähte Konzerne starteten umfangreiche Kostensenkungsprogramme und vereinfachten damit ihre Strukturen. Eine neue Flexibilität in der Wirtschaft machte die Runde. So kam es in den letzten Jahren zu enormen Gewinnsteigerungen in den großen Unternehmen - stellenweise in Höhe zweistelliger Prozentsätze.

An dieser Stelle ist zu klären, dass ein Gewinnzuwachs in Höhe von 80% nicht zwangsläufig bedeutet, dass es einem Unternehmen wieder besser geht. Geht der Gewinn beispielsweise in einem Jahr um 50% zurück und im nächsten Jahr steigt er um sagenhafte 80%, so lautet die Rechnung **nicht** -50%+80% = +30%. Reduzieren Sie 100 Euro um 50%, so haben Sie noch 50 Euro. Dieses Geld vermehren Sie jetzt um 80%, d.h. um 40 Euro. Wie Sie nüchtern feststellen, haben Sie nun nur noch 90 Euro in der Tasche.

Nachdem viele Restrukturierungen abgeschlossen sind und man sich von unrentablen Beteiligungen getrennt hat, geht der Trend wieder zu einer Vergrößerung der Marktanteile. Dies bedeutet, dass der Jahresumsatz wieder mehr in den Fokus rückt und den Gewinn stellenweise verdrängt. Da die Fehler von 2000 noch in den „Knochen" sitzen, wird sich nun auf ein Wachstum im eigentlichen Geschäftsfeld konzentriert. Dies geschieht meistens durch kluge Firmenübernahmen zu einem angemessenen Preis.

Kurz zu erwähnen ist die zunehmende Rohstoffknappheit. Öl-, Gold- und Silberpreise sind in den letzten Jahren nahezu explodiert. Einen steigenden Ölpreis werden Sie wohl täglich an hohen Spritpreisen an den Tankstellen beobachten. Auch wenn Sie sich darüber aufregen - es deutet nichts darauf hin, dass der Ölpreis in den nächsten Jahren wieder merklich fallen sollte. Nur der Staat hat noch einen Puffer, um die Preise an den Zapfsäulen zu senken. Es deutet jedoch nichts daraufhin, dass der unverhältnismäßig hohe Steueranteil jemals gesenkt werden würde. Ganz im Gegenteil.

Und aus all diesen Erkenntnissen können Sie Kapital schlagen. Um auch an diesen Entwicklungen partizipieren zu können, hat der Finanzmarkt neue Produkte geschaffen. Spekulationen auf Rohstoffe und ganze Branchen sind problemlos möglich. Das große

Zauberwort heißt dabei Zertifikat. Wir werden uns jedoch in diesem Buch vorwiegend mit der Spekulation auf Unternehmen und Indizes beschäftigen und Ihnen die Geheimnisse nahe bringen, wie Sie beispielsweise auch von fallenden Kursen profitieren können.

# Notizen - Das habe ich gelernt!

..................................................................
..................................................................
..................................................................
..................................................................
..................................................................
..................................................................
..................................................................
..................................................................
..................................................................
..................................................................
..................................................................
..................................................................
..................................................................
..................................................................
..................................................................
..................................................................

# Notizen - Das habe ich gelernt!

..................................................................
..................................................................
..................................................................
..................................................................
..................................................................
..................................................................
..................................................................
..................................................................
..................................................................
..................................................................
..................................................................
..................................................................
..................................................................
..................................................................
..................................................................
..................................................................

# 3. Kapitel
# Der Einfluss internationaler Börsen und Indizes

In den Medien hören wir täglich von der Börse, von steigenden und fallenden Kursen, Unternehmen werden genannt und doch wissen die meisten nicht, was genau dahinter steckt. Dieser Ort, die Börse, ist im klassischen Sinn ein Marktplatz, auf dem sich Käufer und Verkäufer treffen. Ganz allgemein werden Angebot und Nachfrage an einer Börse zusammengeführt. Es werden nicht nur Aktien an Börsen gehandelt. Es gibt auch Warenbörsen, Blumenbörsen, Kaffeebörsen und viele andere. Wir werden in diesem Buch ausschließlich auf Wertpapierbörsen eingehen.

An den Wertpapierbörsen werden Wertpapiere gehandelt. Früher geschah das auf einem rein physischen Weg. Es wurden also echte Papiere ausgetauscht, auf denen der Besitz vermerkt war. Seit Jahren passiert dies ausschließlich auf dem elektronischen Weg. Das heißt, Sie kaufen als Anleger bei Ihrem Broker, also Ihrem Börsenhändler, Wertpapiere z.B. Aktien. Dieser wiederum kauft sie für Sie auf dem Parkett oder über eine interne Handelssoftware. Was bedeutet das? Sie haben sich damit Anteile an einem Unternehmen gekauft. Für die Aktiengesellschaften, die an den Börsen Aktien ausgeben, ist es ein entscheidendes Finanzierungsinstrument. Der Preis eines Wertpapiers wird bestimmt durch Angebot und Nachfrage.

Die größte Börse der Welt befindet sich in New York. In Deutschland hat die größte Börse ihren Sitz in Frankfurt am Main. Neben Frankfurt gibt es hierzulande noch insgesamt sieben weitere Börsen:

- Stuttgart, EUWAX

- Berlin-Bremen

- München

- Düsseldorf

- Hannover

- Hamburg

- Das elektronische Handelssystem der Deutsche Börse AG: „Xetra"

Sobald Sie anfangen, an Börsen zu handeln und sich näher damit auseinandersetzen, werden Sie folgende Feststellung machen: Die Börsen geben sich gegenseitig Impulse. Sie als Anleger denken z.B. „Die guten

Vorgaben der Börsen in Fernost könnten den Deutschen Aktienindex wieder auf die Marke von x springen lassen". Die Börse wird hauptsächlich von Meinungen geprägt. Ein starker Impuls für die deutschen Börsen kommt meist aus den USA. Sie brauchen nur bis zur Eröffnung der New Yorker Börsen um 15:30 Uhr zu warten. Und in der Regel dauert es nicht viel länger als eine halbe Stunde bis die deutschen Börsen noch einmal Schwung aufnehmen oder an Schwung verlieren. Nicht zu verachten sind auch die Devisen-Kurse. Sie bestimmen gerade bei großen Exportnationen den Außenhandel. Allgemein kann davon gesprochen werden, dass die Zahlen großer internationaler Börsen, den Treibstoff des Weltwirtschaftsmotors darstellen. Die Frage ist nur, ob die Anleger den Vorwärts- oder den Rückwärtsgang eingelegt haben.

# Notizen - Das habe ich gelernt!

# Notizen - Das habe ich gelernt!

..................................................................
..................................................................
..................................................................
..................................................................
..................................................................
..................................................................
..................................................................
..................................................................
..................................................................
..................................................................
..................................................................
..................................................................
..................................................................
..................................................................
..................................................................
..................................................................

# 4. Kapitel
# Aktien, Optionsscheine, Knock-outs

**Aktien**

Die Aktie ist das wohl bekannteste Wertpapier. Nahezu jeder hat schon einmal etwas davon gehört. Wenn Sie eine Aktie kaufen, dann kaufen Sie sich einen Anteil an einem Unternehmen.

Es gibt verschiedene Arten von Aktien. Sie unterscheiden sich primär in den Rechten, die Sie erwerben. Mit der Stammaktie erhalten Sie ein Stimmrecht innerhalb der Hauptversammlung. Vorzugsaktien haben in der Regel eine höhere Dividende, allerdings hat ihr Besitzer keinerlei Stimmrecht auf der Hauptversammlung. Bei Inhaberaktien hat der Inhaber das Recht auf Dividende und kann sein Stimmrecht wahrnehmen. Wenn Sie Namensaktien besitzen, werden Sie im Aktienbuch des Unternehmens eingetragen. Das Unternehmen kennt so seine einzelnen Aktionäre und die damit verbundenen Anteile.

Aktien sind die optimale Kapitalanlage, wenn Sie ein vorsichtiger Anleger sind und sich momentan in einem festen Angestelltenverhältnis befinden. Zudem empfehlen wir, einmal täglich Ihr Depot zu überprüfen und gegebenenfalls Veränderungen vorzunehmen.

**Optionsscheine**

Auch von Optionsscheinen haben Sie sicher schon gehört. Die meisten Anleger haben jedoch den Optionsscheinen schnell den Rücken gekehrt und eventuell auch Ihnen abgeraten, damit zu handeln. Das ist Quatsch. Optionsscheine sind natürlich mit mehr Risiken behaftet als herkömmliche Anlagen wie Fonds oder Aktien. Wenn man sich aber genauer mit den Begriffsinhalten von Hebel, Put, Omega, Delta, um nur einige zu nennen, beschäftigt, wird man lernen, diese Anlage richtig zu nutzen und entsprechend zu partizipieren. Auch einige so genannte „Börsenexperten" raten Ihnen strikt davon ab. Machen Sie sich im Folgenden selbst ein Bild.

Eine Option ist das Recht, aber keine Verpflichtung, einen Basiswert (sog. Underlying), das können z.B. Aktien, Indizes, Anleihen, Währungen oder Rohstoffe sein, zu einem vorherbestimmten Preis, den wir auch als Strike bezeichnen, zu einem festgelegten Zeitpunkt, bei einer europäischen Option oder bis zu einem festgelegten Zeitpunkt bei einer amerikanischen Option zu kaufen (Call) oder zu verkaufen (Put).

Wenn Sie einen Call-Optionsschein kaufen, sichern Sie sich das Recht, einen Basiswert zu einem vorher bestimmten Preis zu kaufen, d.h. Sie kaufen einen Call, wenn Sie der Überzeugung sind, dass der Kurs des Basiswerts steigen wird. Mit einem Put-Optionsschein sichern Sie sich das Recht, einen Basiswert zu einem vorher bestimmten Preis zu verkaufen, d.h. Sie kaufen einen Put, wenn Sie der Überzeugung sind, der Kurs des Basiswerts wird fallen. Jedoch machen die wenigstens von ihrem Recht Gebrauch. Es findet stattdessen ein Barausgleich statt. Dies ermöglicht es, dass Sie Optionsscheine über die gesamte Laufzeit kaufen und verkaufen können.

Was passiert wenn mein Basiswert steigt bzw. fällt? Gerade erfuhren Sie, dass Sie Calls kaufen sollen, wenn Sie steigende Kurse erwarten und Puts, wenn Sie fallende Kurse in Betracht ziehen. Es kann aber trotzdem passieren, dass Ihr Basiswert steigt, Sie einen Call haben, aber Ihr Optionsschein fällt. Es spielen unterschiedliche und dynamische Einflussfaktoren bei der Preisbildung von Optionsscheinen eine Rolle. Nachfolgend möchten wir die wichtigsten Faktoren, die Sie auch verstehen sollten, wenn Sie mit Optionsscheinen handeln, erklären.

Der Wert eines Optionsscheines setzt sich aus dem so genannten Inneren Wert und dem Zeitwert zusammen.

**Volatilität:** Das ist die Kennzahl für die Schwankungsbreite von Wertpapieren, Indizes, Devisen und Zinssätzen. Zum Verständnis: Es ist ein Maß für die Wahrscheinlichkeit, dass der Basiswert zum Laufzeitende ein bestimmtes Kursniveau erreicht.

**Innerer Wert:** Das ist die Differenz zwischen dem Basiswert und dem festen Basispreis. Der innere Wert gibt den Ertrag an, der sich bei sofortiger Ausübung ergeben würde. Der Innere Wert kann nicht negativ sein, da es sich ja um ein Recht und keine Verpflichtung handelt. Beispiel: Eine Aktie kostet 100 Euro. Sie besitzen zum Ende der Laufzeit einen Call-Optionsschein zum Basispreis von 90 Euro. Das Bezugsverhältnis beträgt 1:1. Somit ist der innere Wert 100-90 gleich 10 Euro.

**Zeitwert:** Das ist die Differenz zwischen dem Kurs des Optionsscheins und dem Inneren Wert. Je kürzer die Restlaufzeit wird, desto geringer wird der Zeitwert. Am Verfallstag ist der Zeitwert gleich null, d.h. der Optionsschein hat nun nur noch seinen Inneren Wert.

**Hebel:** Er stellt das Verhältnis zwischen dem Kurs des Basiswertes und dem Kurs des Optionsscheines dar. Je höher der Hebel, desto mehr profitieren Sie vom Optionsschein, dies gilt aber auch für Verluste. Wenn Sie einen Optionsschein mit einem Hebel von 50 haben steigt dieser um das 50-fache zum Basiswert, ohne Beachtung der anderen Faktoren, wie das Bezugsverhältnis.

**Laufzeit:** Sie gibt die zeitliche Beschränkung eines Optionsscheins an. Wenn der Fälligkeitstag eintritt, können Sie nur noch mit dem Emittenten, dem Herausgeber des derivativen Hebelproduktes in der Regel Bankgesellschaften, außerbörslich handeln. Derivativ bedeutet, dass sich das Hebelprodukt auf einen Basiswert (zum Beispiel eine Aktie oder einen Index) bezieht. Sollte Ihr Optionsschein bei einer Call-Option unter dem Basispreis liegen verfällt er ebenso wertlos, als würde er bei einer Put-Option über dem Basispreis liegen.

**Omega:** Wird auch als effektiver Hebel bezeichnet. Er gibt an, um wie viel Prozent sich der Optionsschein verändert, wenn der Basiswert um 1% steigt oder fällt - vorausgesetzt ist wieder ein Bezugsverhältnis von 1:1. Sie sollten, wenn Sie mit Optionsscheinen handeln, dies als Kennzahl vor dem einfachen Hebel bevorzugen.

**Delta:** Gibt an wie reaktionsfreudig der Optionsschein, bei Kursveränderung des Basiswertes, ist. Bei einem Call liegt der Wert zwischen 0 und 1. Bei einer Put-Option zwischen -1 und 0. Je näher er an 0 ist, desto geringer ist die Reaktion bei Kursveränderungen.

Wir empfehlen den Handel mit Optionsscheinen, wenn Sie das Risiko nüchtern einschätzen können oder Ihren Depotwert gezielt mit Optionsscheinen steigern oder absichern möchten. Sie sind in der Lage mehrmals am Tag, früh, mittags und abends, Ihr Depot zu kontrollieren. Sie sind ehrlich zu sich selbst, handeln sehr diszipliniert und halten sich an Regeln ohne Wenn und Aber. Sie betrachten das Handeln mit Optionsscheinen nicht als Glücksspiel, sondern als Möglichkeit, das Depot vor Verlusten zu schützen, Renditen zu steigern oder auch in Bärenzeiten auf der Gewinnerseite zu stehen.

Die Ausführungen zu den Optionsscheinen haben Ihnen hoffentlich nicht die Lust am Handel mit denselben verdorben. Es ist kein leichtes Thema, aber wenn man sich eingehend damit beschäftigt und - ganz wichtig - sich an Regeln hält, kann man erfolgreich mit Optionsscheinen handeln. Es ist auch keine Schande, wenn Sie beim ersten Lesen die Zusammenhänge der Faktoren nicht verstanden haben. Lesen Sie das Kapitel in Ruhe noch einmal durch.

**Knock-outs**

Nachdem wir Sie über Optionsscheinen aufgeklärt haben, möchten wir Ihnen nun eine interessante Alternative vorstellen, so genannte Knock-outs.

Ein Knock-out ist, wie ein Optionsschein, ein derivatives Hebelprodukt. Mit Knock-outs können Sie in steigende und fallende Kurse, von verschiedenen Basiswerten, wie Aktien, Indizes, Devisen, Rohstoffe usw., investieren. Der markante Unterschied zu Optionsscheinen ist, dass es keinen Zeitwert gibt. Dadurch können Sie Kurse von Knock-outs fast linear auf den Basiswert widerspiegeln. Das Wichtigste am Knock-out ist jedoch die so genannte Knock-out-Barriere. Wenn diese unter- (call) bzw. überschritten (put) wird, verfällt Ihr Schein sofort. Dies sollten Sie auf keinem Fall unterschätzen, gerade bei stark gehebelten Produkten, die sich nah an dieser Schwelle befinden, kann es schneller passieren als Sie denken.

Knock-outs werden von verschiedenen Emittenten bereitgestellt. Aus diesem Grund gibt es auch unterschiedliche Bezeichnungen. Für Calls sind zusätzliche gängige Begriffe beispielsweise Long, Bull oder Mischformen wie Wave-Call, Turbo-Bull, Call-Sprinter, Turbo-Call, Long-Turbo. Für Puts gibt es ebenfalls noch zusätzliche Bezeichnungen, wie z.B.

Short, Bear oder ebenso die Mischformen Turbo-Bear, Turbo-Short, Wave Put, Knock-out-Put, Wave-XXL-Put. Die Bezeichnung eines Knock-out-Scheins bestimmt zum größten Teil der jeweilige Emittent.

Knock-outs unterscheiden sich jedoch nicht nur in ihrer Bezeichnung, sondern auch in ihren Merkmalen. Grundsätzlich kann man die Unterteilung vornehmen in Knock-outs mit Laufzeitbegrenzung und Knock-outs ohne Laufzeitbegrenzung. Laufzeitbegrenzung bedeutet in diesem Fall, dass Scheine nur bis zu einem bestimmten Zeitpunkt gehandelt werden können, sofern die Knock-out-Barriere vorher nicht über- bzw. unterschritten wurde.

Zusätzlich gibt es Knock-outs mit einer vorgelagerten Knock-out-Barriere. Bei diesen Scheinen erhalten Sie die Differenz zwischen der Barriere und dem Basispreis des Knock-outs zurück. Sehen Sie das nicht als Sicherheit an. Es sind nur sehr geringe Beträge, die Sie zurückerhalten. Bei einfachen Knock-outs entspricht die Knock-out-Barriere gleich dem Basispreis des Knock-out-Produktes. Das bedeutet also für Sie: Sobald der Schein die Knock-out-Barriere erreicht, ist er vollkommen wertlos.

Sie suchen eine Anlage, mit der Sie kurzfristig hohe Renditen erwirtschaften können, in guten wie in schlechten Börsenzeiten. Dabei spielt es für Sie keine

Rolle, einmal länger auf die geeignete Chance zu warten. Sie sind sich bewusst, dass Knock-outs riskante Hebelprodukte sind. Sie wissen aber auch, dass sich das Risiko verringert, wenn Sie die Entfernung zur Knock-out-Barriere groß genug wählen. Sie werden sich strikt an die Regeln halten, die Sie sich selbst setzen und die wir Ihnen in diesem Buch vermitteln.

Sie haben in diesem Kapitel drei verschiedene Wertpapiere näher kennen gelernt. Sie haben die Aktien zwar sehr kurz erklärt bekommen und wissen aber grundsätzlich, dass es sich hierbei um eine klassische Anlage mit niedrigem Risiko handelt. Wir haben Ihnen im Abschnitt der Optionsscheine einen detaillierten Überblick über dieses sehr dynamische Hebelprodukt verschafft. Als Alternative haben wir Ihnen die Knock-outs vorgestellt.

Die so genannte Hebelwirkung entsteht bei Optionsscheinen und Knock-outs durch den deutlich geringeren Kapitaleinsatz beim Erwerb von Hebelprodukten, im Vergleich zum Kauf der richtigen Aktien. Eine Aktie kostet 100 Euro. Der Basispreis eines Knock-outs beträgt 90 Euro, wodurch der Knock-out einen Wert von zehn Euro hat. Steigt der Basiswert um zehn Prozent auf 110 Euro, so erhöht sich der Wert des Knock-outs ebenfalls um zehn Euro. Er ist nun um 100% auf 20 Euro gestiegen.

Besuchen Sie auch unsere Webseite unter www.rendite-handbuch.de, um noch mehr über dieses Thema zu erfahren.

# Notizen - Das habe ich gelernt!

# Notizen - Das habe ich gelernt!

..................................................................
..................................................................
..................................................................
..................................................................
..................................................................
..................................................................
..................................................................
..................................................................
..................................................................
..................................................................
..................................................................
..................................................................
..................................................................
..................................................................
..................................................................
..................................................................
..................................................................

# 5. Kapitel
# Kapitalaufbau und die richtige Einstellung zum Erfolg

Es ist zwar schon einige Jahre her, aber der Geist des Zusammenbruchs der New Economy, der aufstrebenden IT-Unternehmen, zur Jahrtausendwende ist noch allgegenwärtig. Häufig sind solchen Aussagen: „Das hat die Leute ruiniert. Viele haben sich dadurch hoch verschuldet und haben jetzt fast nichts mehr. Ich will nicht, dass ich auch Opfer eines Börsencrashs werde und es mir ebenso ergeht."

Unwahr sind die Meinungen keineswegs - nur die Schlussfolgerung, dass Börsenverluste zu Schulden führen, ist total falsch. Wenn Sie sich die Frage gestellt haben, warum wird von „Verschuldung" gesprochen, dann sind Sie auf dem richtigen Weg. Viele haben aus Gier nach Geld einfach Geld geliehen, und dieses wurde gnadenlos verzockt. Von einem Börsencrash erwischt zu werden, kann immer passieren - Sie verlieren dort Geld - nur stehen Sie nicht mit Schulden da, wenn Sie vor dem Crash keine gemacht haben!

Merken Sie sich den folgenden Satz gut: Es ist vielleicht der wichtigste Satz im ganzen Buch:

**Investieren Sie niemals, und wir meinen auch wirklich NIEMALS, geliehenes Geld an der Börse.**

Damit Sie ohne Druck Wertpapiere handeln können, sollte das Geld auch auf keinen Fall für Ihre Grundbedürfnisse benötigt werden. Also machen Sie bitte nicht den Fehler und setzen Sie Ihren nächsten Lohn in Optionsscheine um, handeln Sie lieber noch weiter in Musterdepots, bis Sie das Geld übrig haben.

Selbst wenn Sie Verluste machen und merken, dass das gewisse „Quäntchen Glück" gefehlt hat, so stehen Sie danach zumindest schuldenfrei da und befinden sich wieder am Ausgangspunkt.

Ihnen ist nun klar, dass Sie keine Kredite aufnehmen und sich auch kein Geld von Freunden/Bekannten/Verwandten borgen, um es zu investieren. „Wo soll ich das Geld denn sonst auftreiben?" Die Frage ist berechtigt und leicht zu beantworten: Sparen!

Um noch einmal eins klarzustellen: Sie werden es nicht schaffen, innerhalb eines Monats zum Millionär zu werden. Sparen kann jeder - 10 Euro monatlich, 50 oder 100 Euro monatlich. „Ich habe nur soviel, dass ich nicht mal 10 Euro zurücklegen kann!" - Hören Sie auf, Ausreden zu finden! Viele Leute besitzen über 100 DVDs, haben gerade den 12 Monate alten Computer durch ein neues Modell ersetzt, gehen wöchentlich ins Kino, geben viel Geld für Autotuning aus, sind in Fitnessstudios angemeldet, haben fünf Zeitschriften im Abo, von denen nur zwei wirklich gelesen werden oder besuchen wöchentlich das große blaue schwedische Einrichtungshaus, wobei dies selten mit leeren Taschen verlassen wird. Solche Beispiele ließen sich unendlich fortsetzen.

Wenn Sie sich jetzt wieder erkennen und sagen, „Prinzipiell haben die ja recht, aber auf meine DVD Sammlung will ich nicht verzichten", dann schließen Sie jetzt das Buch und schicken es zurück. Wenn Sie gerne DVDs schauen, dann tun Sie es auch weiterhin. Nur kaufen Sie keine mehr. Eine neue, aktuelle DVD kostet im Schnitt etwa 20 Euro - wie oft schauen Sie sich diese dann auch an? Es gibt mittlerweile viele gute Videotheken, auch im Internet, wo Sie sich eine DVD für vielleicht fünf Euro ausleihen können. Sie sparen allein dadurch mindestens 15 Euro pro Film - von einem größeren Regal ganz zu schweigen. 15 Euro bei 100 DVDs sind schon mal gute 1.500 Euro, die Sie an der Börse einsetzen können.

Verzichten Sie nicht auf Hobbys, versuchen Sie nur, diese kostengünstiger zu gestalten.

Ein guter Trick, um Geld zu sparen, ist die eigene Einstellung. Geben Sie kein Geld mehr für Hilfsmittel aus, sondern helfen Sie sich selbst. Strahlen Sie Erfolg aus. Es schlägt sich nicht nur im positiven Sinne auf Ihre Brieftasche nieder, sondern auch auf Ihre Lebenseinstellung. Ab sofort gibt es keine Rückschläge mehr in Ihrem Leben, die Sie durch teuere Anschaffungen versuchen auszugleichen. Wenn etwas schief geht, dann fragen Sie sich, „Warum ist es jetzt so gekommen, wie kann ich es vermeiden, dass es noch einmal passiert", und nicht, „Verdammt, das liegt mir einfach nicht. Ich hoffe, es passiert nicht erneut".

Sehen Sie den Unterschied in den zwei Denkweisen? Versuchen Sie nicht, sich ein Schicksal einzureden, versuchen Sie stattdessen, Fehler zu analysieren und danach zu handeln. Entwickeln Sie neue Fähigkeiten, ganz gleich welche. Neue Fähigkeiten bringen Sie voran, auch außerhalb der Börse. Dadurch wächst Ihr Selbstvertrauen, und je mehr Sie davon besitzen, desto mehr Erfolg werden Sie haben und auch ausstrahlen.

Sie fragen sich jetzt vielleicht: „Wie soll ich dadurch Geld sparen?" - Wenn Sie alles können, brauchen Sie auch keine teuren Hilfsmittel mehr. Lassen Sie es uns an einem

Beispiel erklären. Sie wollen gerne kochen und besitzen bestimmt 100 Kochbücher - Sie sehen die Rezepte und sagen sich, „Toll, dass könnt' ich auch machen". Mittlerweile erhöhte sich der Kochbuchbestand um ein weiteres, weil es im Angebot war. Dort finden Sie wieder ein tolles Rezept. Das alte Rezept gerät in Vergessenheit. Und irgendwann wird wieder ein Kochbuch gekauft. Objektiv können Sie trotz aller Kochbücher nicht kochen.

Jetzt beginnen Sie den Wandel: Sie stellen sich an den Herd und probieren Rezepte und noch mehr Rezepte aus - irgendwann brauchen Sie kein Kochbuch mehr und finden sogar selbst Ideen für neue Gerichte. Nun stehen Sie im Laden und blättern wieder in einem Kochbuch - und sagen zu sich: „Tolle Idee, aber da könnte man doch noch etwas Rosmarin dran machen". Sie legen das Buch weg, weil Sie sich nicht mehr exakt an die Rezepte halten müssen, denn jetzt können Sie kochen. Sie haben diese Fähigkeit erworben. Und allein das hat Sie weiter gebracht. Das haben Sie aber nur erreicht, weil Sie sich mit anfänglicher Hilfe an den Herd gestellt haben. Genauso funktioniert es an der Börse. Dieses Buch ist Ihr Kochbuch.

Wenn Ihnen etwas nicht gleich gelingt, analysieren Sie ihre Fehler und erwerben Sie die Fähigkeiten, dass es Ihnen später keine Probleme mehr bereitet. Es dauert seine Zeit, aber es lohnt sich. Sie werden nicht von heute auf morgen Börsenguru. Doch wenn Sie Börsenguru werden wollen, müssen Sie den ersten Schritt tun.

# Notizen - Das habe ich gelernt!

# Notizen - Das habe ich gelernt!

# 6. Kapitel
## Grundlagen Chartanalyse

---

Unter Chartanalyse stellen Sie sich sicherlich ein sehr komplexes wissenschaftliches Thema vor. Aber keine Angst, wir versuchen, es Ihnen einfach und deutlich zu erklären.

Was ist denn überhaupt ein Chart? Ein Chart ist nicht mehr und nicht weniger als eine Grafik, die Daten wiedergibt - in unterschiedlichen Darstellungsmöglichkeiten. Das Problem des Menschen ist doch eigentlich, dass er mit puren Zahlen in der Regel wenig anfangen kann, gerade wenn es sehr viele Zahlen über einen gewissen Zeitraum sind. Um ganze Zahlenkolonnen anschaulich zu machen, gibt es Charts in unterschiedlichen Arten und mit unterschiedlichen Informationen.

Der wohl bekannteste Chart ist der Linienchart. Er wird in der Regel von den Medien genutzt. Er ist ein sehr einfacher Chart, weshalb ihn fast ohne Ausnahme jeder lesen kann. Dargestellt wird jeweils immer der Schlusskurs eines Zeitintervalls. Die Schlusskurse sind jeweils durch Linien miteinander verbunden.

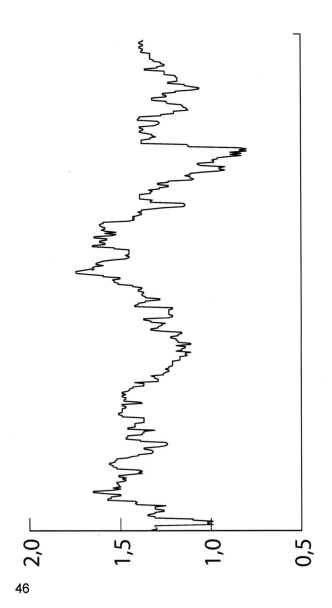

Linienchart

Der Candlestickchart, auch als Kerzenchart bekannt, hat einen höheren Informationsgehalt. Die einzelnen Sticks werden wie bei einem Linienchart angeordnet, so dass man den Verlauf ebenso sieht. Der Candlestick gibt Ihnen, wie in nachfolgender Abbildung, zusätzliche wichtige Größen an: Eröffnungskurs, Schlusskurs, Höchstkurs und Tiefstkurs.

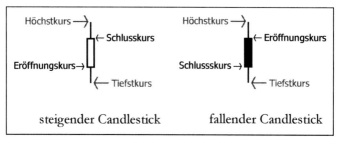

Über den Tickwert bestimmen Sie aller wie viel Minuten, Stunden, Tage ein neuer Stick gezeichnet werden soll. An der farbigen Hervorhebung erkennen Sie, ob der Anfangskurs über dem Schlusskurs liegt oder umgekehrt.

In einem Balkenchart werden, ähnlich wie im Candlestickchart, festlegbare Intervalle verwendet. Ein Intervall stellt jeweils den Tiefst- und Höchstkurs dar. Mit diesem Chart ist es möglich, kleinste Schwankungen zu entdecken.

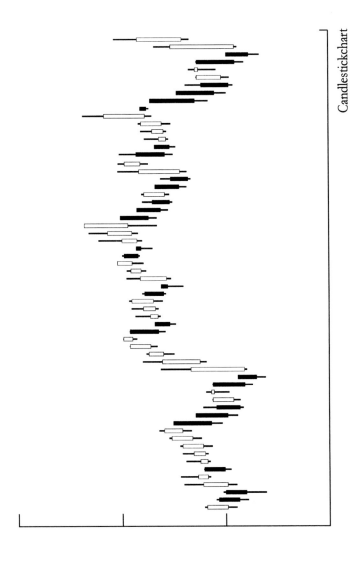

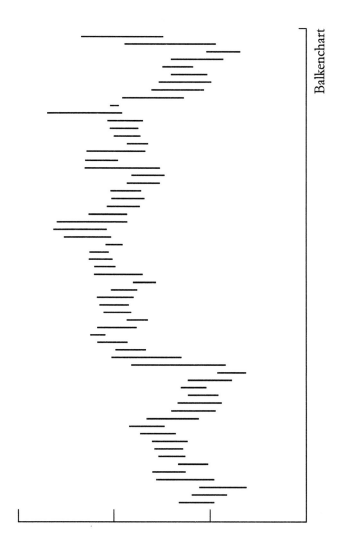

Der Barchart stellt zusätzlich zum Tiefst- und Höchstkurs noch den Eröffnungs- und Schlusskurs dar. Jedoch fehlt die farbliche Hinterlegung der Candlesticks.

Um die nächsten Themen richtig zu verstehen, bitten wir Sie, einen Linienchart zur Hand zu nehmen. Es spielt dabei keine Rolle, ob dieser aus einer Zeitschrift oder aus dem Internet stammt. Zusätzlich benötigen Sie einen Bleistift und ein Lineal. Nachfolgend werden verschiedene Trends erläutert. Wir möchten Sie auffordern, unmittelbar nachdem ein Trend erklärt wurde, diesen in Ihrem Chart zu suchen und zu zeichnen. Es kann passieren, dass ein Trend nicht in Ihrem Chart vorkommt. Sicher finden Sie einen alternativen Chart, mit dem Sie üben können.

Ein Aufwärtstrend liegt dann vor, wenn die Chartlinie nach oben zeigt und Sie unterhalb des Charts zwei Tiefpunkte finden. Diese zwei Punkte sind Bestandteil einer steigenden Linie. Dabei sollte nun ein drittes Hoch entstehen.

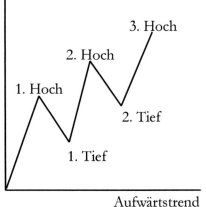

Aufwärtstrend

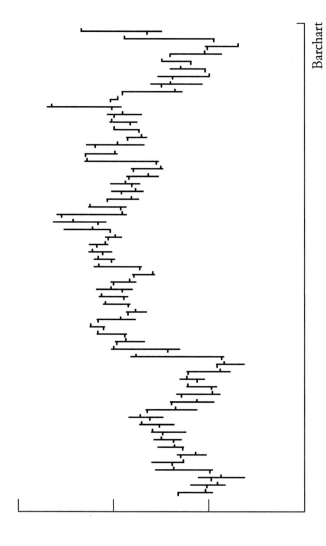

Beim Abwärtstrend zeigt die Chartlinie grundsätzlich nach unten. Sie suchen wieder nach Tiefpunkten, um eine fallende Linie zu zeichnen. Ein etwaiger dritter Punkt bestätigt den Trend.

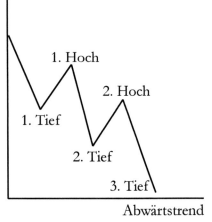

Abwärtstrend

Vereinfacht wird von einem Seitwärtstrend gesprochen, wenn weder die Kriterien für einen Aufwärts- noch Abwärtstrend gegeben sind. Sofern die Seitwärtsformation durchbrochen wird, sollten Sie jedoch nicht voreilig handeln. Warten Sie wieder ab, bis das Signal eindeutig wird.

Zusammenfassend können wir festhalten, dass es grundsätzlich drei Trends gibt, die für Sie wichtig sind. Beachten Sie, dass die Trends klar erkennbar sein müssen. Sie dürfen die Hilfslinien nicht so verschieben, dass es „schon passt". Falls Sie das Gefühl haben, nicht alles verstanden zu haben, üben Sie weiter. Das Verstehen ist hier besonders wichtig, da im nächsten Kapitel Strategien erläutert werden, die dieses Grundwissen erfordern.

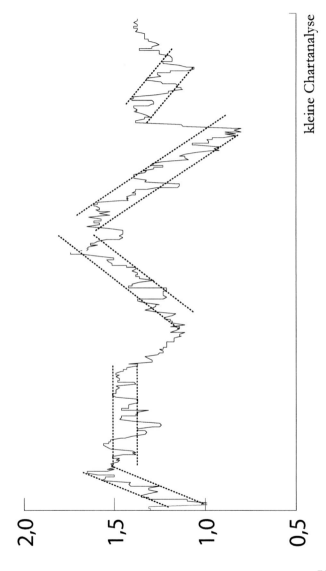

kleine Chartanalyse

Zu beachten sind außerdem im Zusammenwirken mit den Trends bestimmte Arten von Widerständen:

Von einem oberen Widerstand wird gesprochen, wenn der Chart eine bestimmte Marke nicht durchbricht, immer wieder auf ein niedrigeres Kursniveau zurückfällt und erneut Anlauf nimmt. Bei einem unteren Widerstand, auch als Unterstützungslinie bezeichnet, fällt der Chart immer wieder auf einen Punkt dieser Horizontalen herab, ohne sie zu durchbrechen. Geht ein oberer (unterer) Widerstand in einen unteren (oberen) über, so spricht man von einem Widerstandswechsel.

Von einem psychologischen Widerstand sprechen wir, wenn der Chart eine markante Marke nicht durchbrechen kann, es aber keinerlei technischen Hintergrund gibt. Ein gutes Beispiel ist der Angriff des Deutschen Aktienindex' auf die 5.000er Marke zwischen August und November 2005. Psychologische Widerstände sind meist „runde" oder „glatte" Zahlen, wie beispielsweise 100, 1.000, 5.000, 5.500 etc.

Zudem entstehen meistens aus Widerständen und Trends so genannte Dreiecksformationen. Verläuft ein Dreieck nach vorne spitz, wird der aktuelle Trend gebremst. Tritt der Chart aus der Dreiecksformation hinaus, entsteht meist ein neuer Trend.

Sie haben nun unterschiedliche Widerstände kennen gelernt. Wichtig ist dabei, dieses neue Wissen richtig anzuwenden. Wenn gerade ein psychologischer Widerstand vorhanden ist, erhalten Sie teilweise über Monate hinweg Einstiegssignale, weil der Chart immer wieder auf einen unteren und oberen Widerstand stößt. Mit dieser neuen Erkenntnis könnten Sie optimal (auch mit leicht gehebelten Produkten) Gewinn erzielen.

Im Weiteren haben wir auf gleitende Trendlinien zu achten, denn sie sind ein wichtiger Indikator. Aus allen Schlussnotierungen eines vergangenen Intervalls wird ein Mittelwert gebildet, wodurch eine recht geglättete Linie entsteht. Die zwei häufigsten Linien sind die 38-Tage-Linie und die 200-Tage-Linie, d.h., der Mittelwert setzt sich jeweils aus den letzten 38 bzw. 200 Tagen zusammen. Um einen langfristigen Trend eines Charts zu erkennen, wird die 200-Tage-Linie genutzt. Für kurzfristige Trends ist die 38-Tage-Linie aussagefähiger. Durchbricht der Chart von oben nach unten eine gleitende Linie, markiert dies bei vielen Leuten ein Verkaufssignal. Tritt das Gegenteil ein, d.h., die Linie wird von unten nach oben durchbrochen, so ist es sinnvoller, zu kaufen. In der nachfolgenden Abbildung sehen Sie sowohl die 38- als auch die 200-Tage-Linie.

Anhand der Volatilität erkennen Sie nun, mit welchen Tagesschwankungen Sie auch rechnen müssen.

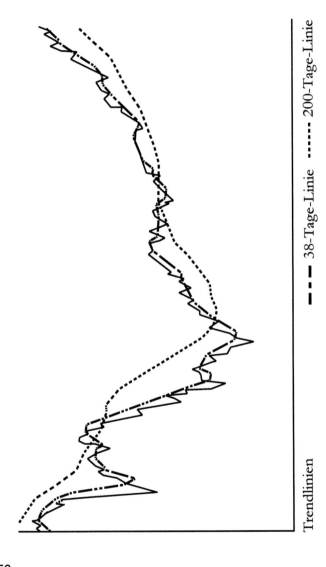

Trendlinien  ▬ ▬ 38-Tage-Linie   ▪▪▪▪▪ 200-Tage-Linie

Der Deutsche Aktienindex hat in der Regel eine Schwankungsbreite zwischen einem und zwei Prozent.

Das Handelsvolumen gibt an, zu welchem Zeitpunkt wie viele Wertpapiere gehandelt wurden. Bei Aktien können Sie beispielsweise anhand der Kursentwicklung herauslesen, ob zu einem Zeitpunkt übermäßig viele Aktien ge- oder verkauft wurden. Ist das Volumen hoch und die Kurse fallen, so wurden viele Aktien verkauft. Je stärker der Kurs dabei fällt, desto weniger Interesse bestand auf der Käuferseite.

Derivate werden nicht so oft gehandelt wie die eigentlichen Basiswerte. Ein Kurs kommt jedoch in den meisten Fällen nur zu Stande, wenn ein Produkt gehandelt wurde. Darum empfiehlt es sich besonders im Daytrading, sich statt der eigentlichen Kurse, die Geld- bzw. Briefkurse anzuschauen. Diese werden von den Emittenten der Papiere sehr schnell an die Kurse des Basiswertes angeglichen. Und da dies die Kurse sind, zu denen Sie ein Wertpapier kaufen bzw. verkaufen können, birgt dies sogar einen Vorteil. Ein weiterer Vorteil ist, dass die Geld-/Briefkurse meist in Echtzeit kostenfrei verfügbar sind, so dass Sie keiner Verzögerung „hinterher leben" müssen.

# Notizen - Das habe ich gelernt!

..................................................................
..................................................................
..................................................................
..................................................................
..................................................................
..................................................................
..................................................................
..................................................................
..................................................................
..................................................................
..................................................................
..................................................................
..................................................................
..................................................................
..................................................................
..................................................................

# Notizen - Das habe ich gelernt!

..................................................................
..................................................................
..................................................................
..................................................................
..................................................................
..................................................................
..................................................................
..................................................................
..................................................................
..................................................................
..................................................................
..................................................................
..................................................................
..................................................................
..................................................................
..................................................................

# 7. Kapitel
# Erfolgreiche Strategien

Dieses Kapitel baut auf Erkenntnissen und Wissen der Chartanalyse auf. Falls Sie dies übersprungen haben sollten, lesen Sie es bitte durch.

Das Kanalyzing ist eine sehr sichere Strategie. Sie erfordert allerdings sehr viel Geduld und Zeit. Das Ziel ist hierbei, vor allem im Intraday-Chart, einen Trendkanal zu finden.

Von einem Trendkanal wird gesprochen, wenn Sie im Chart zwei parallele Geraden zeichnen können, wobei eine Linie mindestens zwei Hochpunkte und die andere Linie mindestens zwei Tiefpunkte im Chartverlauf haben. Diese Bedingungen sind notwendig, aber nicht hinreichend. Eine hinreichende Bedingung für einen Kanal ist ein dritter Punkt, der in einem Aufwärtstrend die untere Linie und in einem Abwärtstrend die obere Linie berührt. Optimal ist ein entstehender Kanal, der einen vorherigen Trend durchbricht.

Dieser dritte Punkt ist die ideale Einstiegsmöglichkeit, da der Trend bestätigt wurde. Wichtig ist hierbei noch die Kanalbreite. Sie sollte nicht zu eng sein. Wir empfehlen, dass dies mindestens 1/10 des Kurswertes sein sollte, sofern Sie den Chart eines Knock-out-Scheins analysieren. Warum Sie auch den Knock-out-Chart analysieren können, wenn Sie doch letztlich auf den Basiswert setzen, wurde im Kapitel über Grundlagen der Chartanalyse erläutert.

Ein Hinweis: Wenn Sie im Basiswert einen Abwärtskanal erkennen, setzen Sie auf fallende Kurse. Dies bedeutet, dass der Put-Schein steigt. Somit ist im Schein, den Sie handeln, immer ein Aufwärtskanal.

Durchbricht der Chart im Trendkanal die untere Linie, steigen Sie aus. Nach oben sind Sie offen. Wenn der Chart dem Kanal folgt, können Sie in aller Ruhe abwarten. Optimal ist ein Ausbruch über die obere Linie hinaus. Verkaufen Sie, wenn Sie genug Gewinn gemacht haben - spätestens aber, wenn die untere Kanallinie durchbrochen wurde. Lief der Trend lange genug, so haben Sie selbst beim Durchbruch der unteren Linie Gewinne erzielt!

Diese Technik ist im Vergleich zu anderen sehr treffsicher. Jedoch besteht ein Chart nicht nur aus solch optimalen Kanälen, so dass es meist heißt: Warten! Achten Sie hierbei bitte noch auf übergeordnete Kanäle und handeln Sie erst, wenn diese durchbrochen wurden.

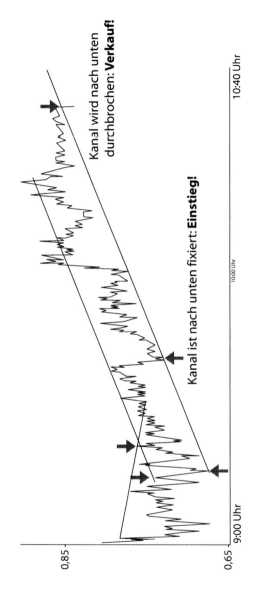

Kanalizing-Verfahren an einem Knock-out

Die Kurssprung-Strategie ist die einfachste von allen - jedoch auch recht unsicher. Der Chart hat im Tagesverlauf wenige interessante Formationen zu verzeichnen, umgangssprachlich „dümpelt" er vor sich hin. Hin und wieder sind kurze Bewegungen nach unten oder oben zu erkennen, die sich jedoch recht schnell wieder auf das normale Niveau korrigieren.

Dieses Korrigieren nutzen Sie bei dieser Strategie. Steigen Sie in Zwischentiefs oder -hochs gegen den Trend ein. Der Hintergrund ist, dass kleine Kurssprünge nach unten für große Investoren den Basiswert billig machen und zum Einstieg verleiten, wodurch der Kurs schnell wieder steigt. Auf der anderen Seite können Sprünge nach oben zu Gewinnmitnahmen führen, die den Kurs nach unten korrigieren.

Wichtig ist, hier extrem schnell zu handeln und auch die notwendige Entscheidung zu treffen. Wenn Sie intraday handeln, d.h. Sie kaufen und verkaufen Wertpapiere an einem Tag, kann meist schon nach 30 Sekunden alles zu spät sein. Die große Gefahr ist, dass Sie „ein Fass ohne Boden" erwischen. Deshalb ist es besonders wichtig, den Markt zu kennen. (Darauf gehen wir in einem anderen Kapitel ausführlich ein.) Und es ist geraten, den Hebel an den zu erwartenden Kurssprung anzupassen. Ein geringer Hebel, bei einem geringen Kurssprung kann u.U. nicht einmal den Spread und die Gebühren decken

- hoch gehebelte Scheine können dagegen innerhalb weniger Minuten sehr hohe Renditen erzielen; wir sprechen hier von 30-60%.

Die Treppen-Strategie besagt, dass sich im Chartverlauf wiederkehrende Muster finden, die über eine hinreichende Zeitspanne eine Art Treppe darstellen. Deshalb wird von einer Treppe gesprochen, wenn in einem Chart der Kurs sprunghaft steigt, sich auf diesem Niveau kurze Zeit festsetzt und weitere Sprünge und Niveaus auftreten.

Diese Strategie ist eine Abschwächung der strikten Regeln der Kanalyzing-Strategie. Der Hintergrund ist folgender: Ein Kurs setzt sich fast immer zusammen aus Bewegung und Gegenbewegung. Bei der Treppen-Strategie nutzen Sie aus, dass die Gegenbewegung sehr schwach ist. Das ist oft an Tagen mit einem geringen Handelsvolumen zu erkennen - vor und direkt nach Feiertagen.

Die Treppen-Strategie ist im Zeitverlauf eher mittelfristig angesiedelt, d.h. im Intraday über mindestens ein bis zwei Stunden, oder zwei bis drei Tage auf eine Woche gesehen. Dies bedeutet, dass Sie nicht mehr als zwei Geschäfte pro Zeitperiode abschließen können. Wenn sich eine Treppe beispielsweise nach oben bewegt, ist es meist ein Indiz für eine ruhige und gute Marktstimmung.

Besonders hohe Gewinne können Sie erzielen, wenn während der Treppe wichtige und gute Wirtschaftsdaten signalisiert werden und die Sprünge dadurch höher ausfallen.

Diese Strategie ist allgemein recht sicher und kann auch mit wenig gehebelten Produkten erfolgreich und gewinnbringend angewandt werden.

Eine Widerstand-Strategie findet sich, wenn in einer hinreichend großen Zeit eine Widerstandslinie im Chartverlauf erkennbar ist. Dies kann sowohl ein Widerstand nach oben als auch ein Widerstand nach unten sein. Eine Widerstandslinie ist eine Horizontale, die mehrfach berührt, aber niemals durchbrochen wird.

Die Begründung liegt hier in einem psychologischen Widerstand bei Börsianern. Dieser zieht sich auch über einen längeren Zeitabschnitt hin, z.B. einen ganzen Tag. Dieser Widerstand kann aber aufgrund schlechter Wirtschaftsdaten, Quartalsergebnissen etc. durchbrochen werden. Informieren Sie sich also über Zeitpunkte von Bekanntgaben solcher Daten. Kaufen Sie, nachdem der Kurs den Widerstand berührt hat und wieder in die andere Richtung unterwegs ist.

Solche Widerstände lassen sich sowohl intraday, als auch längerfristig erkennen und sind ein relativ gefestigtes Merkmal. Vergessen Sie aber nicht, dass jeder Widerstand einmal gebrochen wird. Hier haben Sie bei der Auswahl des Scheins eine sehr große Freiheit und können ihn an Ihre individuellen Risikovorstellungen anpassen.

Fassen wir zusammen: Jede vorgestellte Strategie hat ein Für und Wider. Welche Sie bevorzugen, bleibt Ihnen überlassen. Selbstverständlich leiten Sie von der Chartsituation ab, welche Strategie Sie wählen. Verkaufen Sie sofort, wenn sich der Kurs nicht nach Ihren Vorstellungen entwickelt. Kleine Verluste sind zu verkraften. Große Verluste oder gar ein Totalverlust lassen sich nicht so leicht beheben. Wenn Sie aus 100 Euro 90 Euro gemacht haben, sind das nur zehn Prozent Verlust. Es bedarf lediglich eines Gewinnes von 12% um wieder über 100 Euro zu „marschieren". Haben Sie von 100 Euro aber nur noch 10 Euro übrig, so helfen volle 900% Gewinn, um wieder 100 Euro zu erreichen. Und in kurzer Zeit 900% zu realisieren, das ist schier unmöglich.

# Notizen - Das habe ich gelernt!

# Notizen - Das habe ich gelernt!

..................................................................
..................................................................
..................................................................
..................................................................
..................................................................
..................................................................
..................................................................
..................................................................
..................................................................
..................................................................
..................................................................
..................................................................
..................................................................
..................................................................
..................................................................
..................................................................

## 8. Kapitel
## Die richtige Einschätzung des Marktes

In diesem Kapitel lernen Sie die Märkte richtig einzuschätzen. Um dies im notwendigen Umfang zu können, ist natürlich ein bestimmtes Maß an Aufwand erforderlich. Studieren Sie regelmäßig Wirtschaftsteile Ihrer Zeitung oder abonnieren Sie Wirtschafts- oder Börsenmagazine. Richten Sie sich Internetseiten mit Wirtschaftsinformationen als Startseite ein, so dass Sie automatisch über Nachrichten, Meinungen und Kurse „stolpern", wenn Sie den Browser öffnen.

Wenn Sie sich jetzt fragen, „Weshalb denn so etwas? Ich habe doch erfolgreiche Strategien.", dann haben Sie dieses Buch bisher verstanden, und es ist jetzt Zeit für den nächsten Schritt.

Lassen Sie uns mit einem etwas abwegigen Beispiel beginnen: Sie finden in Ihrer Stadt ein neues Restaurant mit einem sehr guten Preis-Leistungs-Verhältnis. Die Qualität spricht sich schnell herum, wird in der Lokalzeitung gelobt und es wird immer nötiger, dass Sie sich Plätze reservieren lassen. Auch die Preise steigen, und Sie erfahren beim Smalltalk mit dem Besitzer, der bisher selbst für die Speisenzubereitung verantwortlich war, dass er künftig nicht mehr selbst am Herd stehen wird, sich Hilfskräfte besorgt hat. Später erfahren Sie von einem Bekannten, der auch häufiger Gast im Restaurant war, dass Speisenqualität und Service zu wünschen übrig ließen. Daraufhin gehen Sie dort noch einmal hin, sehen zur Überraschung nur ein halbbesetztes Restaurant und müssen letztlich, zu Ihrem Leidwesen, die negative Meinung bestätigen.

„Und was hat das jetzt mit Börse und Markt zu tun?", fragen Sie sich bestimmt. Wenn Sie aufmerksam gewesen wären, hätten Sie sich den miesen Eindruck sparen können. Zuerst müsste man überlegen, warum der Chef selbst nicht mehr kochen will oder kann. Er hat sicherlich gute Gründe. Zum Nachdenken sollte der neue Stand definitiv anregen. Zweitens sollten Sie die Meinung Ihres Bekannten ernst nehmen und eins und eins zusammenzählen. Richtig stutzig müssten Sie werden, wenn Sie das ungewohnt halbvolle Restaurant sehen. Spätestens da hätten Sie wieder gehen sollen. Aber Sie haben es nicht getan, weil Sie bisher immer gute Erfahrungen im Restaurant gemacht haben. Und genau hier liegt der springende Punkt. Vergessen Sie die Vergangenheit. Die Börse lebt in der Zukunft. Erkennen Sie Trends frühzeitig und vor allen anderen.

Worauf wir hinauswollen ist, dass Sie in alle

Entscheidungen die aktuelle Marktlage einbeziehen. Insbesondere sind wichtige Wirtschaftsdaten und der Zeitpunkt der Veröffentlichung wichtig. Sie können starke Kursbewegungen in sehr kurzer Zeit hervorrufen. Wenn Sie nicht wissen, welche Zahlen kommen und ob es positiv ausgehen wird oder nicht, dann handeln Sie nicht.

Ebenso können Quartalszahlen der Indexschwergewichte den Verlauf von ganzen Indizes und Branchen beeinflussen. Viel wichtiger als die Zahlen an sich sind jedoch die Erwartungen des Marktes an die Zahlen. Hohe Erwartungen und schlechte Zahlen bedingen fallende Kurse. Gegenläufig verhalten sich niedrige Erwartungen und überraschend gute Zahlen.

Die aktuelle Marktlage ist besonders dann von enormer Wichtigkeit, wenn Sie intraday handeln. Dort können Kurssprünge von ein bis zwei Prozent mit gehebelten Scheinen schon starke Auswirkungen haben - im schlimmsten Fall, bei Knock-out-Produkten, sogar zum Totalverlust führen.

Fassen wir zusammen:

• Versuchen Sie immer informiert zu sein. Je höher das Risiko beim Handeln, desto mehr Informationen brauchen Sie.

- Wichtige Ereignisse im Börsenleben sind Veröffentlichungen von Bilanzen, Quartalszahlen, Arbeitslosenzahlen, Prognosen, Zinsentscheidungen der Zentralbanken, Inflationsrate, Verbraucherzahlen, Industriezahlen, Geschäftsklimaindex, etc.

- Hohe Markterwartungen erfordern noch bessere Zahlen, um steigende Kurse hervorzurufen. (Beispiel: XYZ AG verbucht im Geschäftsjahr 2005 einen Gewinnzuwachs um 120%. Die Aktie verliert nach Veröffentlichung über 5% - erwartet wurde ein Gewinnwachstum in Höhe von 140%.)

- Je länger Kurse steigen, desto höher wird die Wahrscheinlichkeit von so genannten Gewinnmitnahmen. Das kann von kleinen und unwichtigen Meldungen hervorgerufen werden und sich schneeballartig verstärken. Handeln Sie schneller als der Markt!

- Seien Sie insbesondere vor amerikanischen Nachrichten in den Nachmittagsstunden auf der Hut. Diese werden Sie wahrscheinlich erst mit Verzögerung erkennen und Sie hängen damit den professionellen Börsianern hinterher.

# Notizen - Das habe ich gelernt!

# Notizen - Das habe ich gelernt!

## 9. Kapitel
## Der Weg zum eigenen Depot

---

Das Depot ist die Schaltzentrale Ihrer Anlagen. Die Voraussetzungen, um ein Depot eröffnen zu können, sind sicher leicht erfüllt: Sie müssen in der Regel mindestens 18 Jahre alt sein und einen deutschen Wohnsitz haben.

Wir empfehlen, im Depot mit wenigstens 1.000 Euro als Startwert anzufangen. Es macht nur wenig Sinn, mit weniger Startkapital in das Geschäft mit Wertpapieren einzusteigen, geschweige denn in das Daytrading-Geschäft. Von Daytrading wird gesprochen, wenn Sie ein Wertpapier an einem Tag kaufen und wieder verkaufen. Bei vielen Brokern „fressen" die Ordergebühren schon einen Großteil Ihrer Gewinne wieder auf - hinzukommen so genannte Spreads. Das sind die Gebühren, die der Emittent haben möchte.

In unserem exklusiven Onlinebereich, unter www.rendite-handbuch.de, finden Sie einen Vergleich von aktuellen Onlinebrokern. Dieser wird auch ständig überprüft und gepflegt. Aus diesem Grund haben wir auf einen Abdruck im Buch verzichtet.

Was kostet nun ein Depot? In der Regel zahlen Sie keinen festen Grundbeitrag. Einige Broker werden Ihnen Angebote unterbreiten, einen festen Monatsbeitrag zu zahlen, damit Sie z.B. Echt-Zeit-Kurse erhalten. Sicher ist, dass Sie für jeden Wertpapierkauf und -verkauf eine gewisse Mindestgrundgebühr zahlen und u.U. eine zusätzliche Maklercourtage entrichten müssen. Diese ist abhängig vom Handelsort. Beispielsweise ist der Xetra-Handel bei fast allen Brokern billiger als der Wertpapierhandel an den Parkettbörsen, wie z.B. an der EUWAX in Stuttgart. Im Internet kostet ein Orderauftrag durchschnittlich etwa 10 bis 20 Euro. Zusätzlich können noch Gebühren für Limits oder Orderänderungsaufträge anfallen, die meist im Bereich von 1 bis 2 Euro liegen. Zu erwähnen ist noch, dass Depots bei Banken in der Regel teurer sind als vergleichbare Depots bei Onlinebanken.

Nachdem Sie nun wissen, dass ein Depot Kosten verursachen kann und Sie sich eventuell schon für einen Broker entschieden haben, sind Sie ab sofort Ihr eigener Manager. Damit verbunden ist die Verantwortung, Ihr Depot zu planen, zu organisieren und vor allem auch zu kontrollieren. Betrachten Sie das Handeln an der Börse als ein eigenes Geschäft, welches Sie, und nur Sie, leiten.

Bevor Sie irgendeine Order freigeben, sollten Sie einen genauen Plan haben. Dieser sollte folgende Fragen klären:

1. Was kaufe ich ein? (WAS?)

2. Zu welchem Einstiegspreis und welche Stückzahl? (WIE VIEL?)

3. Wo platziere ich den Stop-Loss-Kurs? (ABSICHERUNG?)

4. Was ist mein persönliches Kursziel? (VERKAUF?)

5. Wann tritt mein Kursziel ein? (ZEITBEZUG?)

Versuchen Sie, möglichst alle Fragen vorher zu beantworten, damit Sie, sobald die Order ausgeführt wurde, sich voll darauf konzentrieren können. Treffen Sie Entscheidungen in Ruhe. Stressentscheidungen führen in der Regel zu Fehlern.

Gerade beim Handel mit hoch gehebelten Derivaten sollten Sie sich vorher überlegen, ob Sie diesen Schein über Nacht halten würden. Wir raten grundsätzlich davon ab. Notieren Sie sich Ihre Antworten unbedingt (schriftlich oder in einer Tabellenkalkulation). Dies ist insbesondere für eine spätere Analyse von großer Bedeutung. Gerade wenn Sie ein erfolgloses Wertpapier hatten, sollten Sie herausfinden, wo der Fehler lag. Die Zeit für eine derartige Protokollierung müssen Sie sich einfach nehmen.

Sie müssen sich klar werden, wie Sie ihre Käufe und Verkäufe organisieren. Wie werden Sie ordern? Per Telefon oder per Computer - dort über den Browser, hier über eine Software, die der Broker für Sie bereitstellt. Organisieren Sie die Abheftung Ihrer Abrechnungen und Kontoauszüge, so dass Sie sich schnell in Ihren Unterlagen zurechtfinden. Informieren Sie sich auch über die steuerliche Behandlung Ihrer Gewinne - am besten beim Steuerberater Ihres Vertrauens.

Kontrollieren Sie sich und gegebenenfalls die Personen, denen Sie Aufgaben erteilt haben, so oft wie möglich. Analysieren Sie Ihre Käufe und Verkäufe anhand Ihrer Protokolle und Charts, selbst wenn sieben von zehn Anlagen mit Gewinnen abgeschlossen wurden. Überprüfen Sie auch Ihre Erfolge, eventuell können Sie das Handeln optimieren. Vielleicht erkennen Sie, dass Sie regelmäßig zu früh aus einem Wertpapier aussteigen. Kontrollieren Sie Ihre Abrechnungen und Kontoauszüge. Gerade bei kapitalstarken Depots sollten Sie sich die Zeit einmal nehmen und sich jede Abrechnung einzeln anschauen. Es gibt Broker die fälschlicherweise Gebühren für bereits gekündigte Abos von Echt-Zeit-Kursen oder Ähnliches abrechnen. Auch wenn es sich hierbei nur um 50 Euro handelt, kontaktieren Sie ihren Broker sofort und klären Sie das Problem. Es ist schließlich Ihr Geld.

Wie kaufe ich ein Wertpapier? Sie sind sich nun im

Klaren darüber, wie Sie alles organisieren. Sie können mit der Online-Software Ihres Brokers umgehen, und einen Ordner für Ihre Belege haben Sie ebenfalls angelegt. Und Sie brennen nur darauf, endlich richtig loszulegen - die Euros an der Börse zu investieren und als erfolgreicher Gewinner nach Hause zu gehen.

Klären wir also wie Sie eine Order ausführen. Zuerst müssen Sie sich für ein Wertpapier entscheiden, das Sie handeln möchten. Wir geben Ihnen später noch genauere Hinweise dazu, wie Sie das optimale Wertpapier finden und auswählen.

Alle Wertpapiere haben eine Wertpapierkennnummer, kurz WKN. Alternativ gibt es die so genannte ISIN. Das ist die International Securities Identification Number, also eine internationale Identifikationsnummer. Wenn Sie sich ein Wertpapier ausgesucht haben, müssen Sie entscheiden, wie viel Stück des Wertpapiers Sie erwerben möchten bzw. wie viel Sie sich überhaupt leisten können. Gehen Sie nie an das Maximum. Wir empfehlen maximal 80% des Depotbestandes einzusetzen. Gerade bei Knock-outs und Optionsscheinen können die Kaufkurse innerhalb von wenigen Sekunden enorm schwanken. Setzen Sie sich deshalb ein entsprechendes geistiges Kaufkurslimit. Denken Sie auch daran, dass der Kauf etwa 20 Euro kosten wird. Und wir erinnern an die fünf Fragen, die in diesem Kapitel gestellt waren. Haben Sie sich alles notiert, können Sie fortfahren. Sie loggen sich also bei Ihrem Broker ein, sofern Sie das noch nicht getan haben und öffnen die Ordermaske.

Es gibt natürlich bei der Breite der Broker unterschiedliche Eingabemasken, aber in der Regel sollten Sie auf jeden Fall folgende Kriterien eingeben können:

Auf welchem Markt soll gehandelt werden? In der Regel handeln Sie die meisten Wertpapiere im elektronischen Handelssystem Xetra und Hebelprodukte in Stuttgart. Wählen Sie also Ihren Marktplatz aus.

Als nächstes müssen Sie die WKN eingeben, was Sie bei vielen Brokern auch bequem über eine Suchfunktion erledigen können. Jetzt kommen Sie schon an den Punkt, an dem Sie entscheiden müssen, welche Stückzahl Sie kaufen wollen.

Wichtig ist jetzt noch, ob Sie eine Limitorder abgeben oder nicht. Bei einer Limitorder wird versucht, das Wertpapier nur zu diesem maximalen Preis zu kaufen - selbstverständlich sind billigere Käufe dadurch auch möglich.

Bei einer Order zum Marktpreis, erhalten Sie die Wertpapiere so schnell wie möglich, gehen aber das Risiko ein, plötzlich einen höheren Preis zahlen zu müssen. Kaufen Sie also zu einem von Ihnen festgelegten maximalen Wunschkaufpreis oder direkt zum Marktpreis. Im Gegensatz zu einigen Börsenspielen, die manche sicher schon einmal probiert haben, ist die Order in der Regel in weniger als 30 Sekunden ausgeführt, sofern die von Ihnen geforderte Stückzahl vorhanden ist und keine etwaigen Limits überschritten wurden. Bei Optionsscheinen und Knock-outs handeln Sie mit dem Emittenten. Dies bedeutet, dass Sie diese Wertpapiere stets kaufen und verkaufen können.

Kaufen Sie Optionsscheine und Knock-outs nur über Onlinebroker. Die Kurse ändern sich so schnell, dass selbst der Griff zum Telefon zu lange dauern könnte.

# Notizen - Das habe ich gelernt!

..................................................................
..................................................................
..................................................................
..................................................................
..................................................................
..................................................................
..................................................................
..................................................................
..................................................................
..................................................................
..................................................................
..................................................................
..................................................................
..................................................................
..................................................................
..................................................................
..................................................................

# Notizen - Das habe ich gelernt!

# 10. Kapitel
# Zehn Schritte zur Auswahl des richtigen Wertpapiers

Wir bieten Ihnen hier einen Leitfaden an, mit dem Sie das richtige Wertpapier auswählen. Sie müssen nicht alle Schritte einhalten, und können dies auch stellenweise nicht - zum Beispiel besitzen normale Aktien keinen Hebel. Daher empfehlen wir, anfänglich alles in Ruhe durchzugehen. Wenn Sie dies einige Male gemacht haben, werden Sie die Schritte automatisch im Kopf ausführen. Sollte es bei einem Punkt zu Unklarheiten oder Widersprüchen kommen (Beispiel: normale Aktien und Spekulation auf fallende Kurse), dann beginnen Sie von vorn.

**1. Worauf wollen Sie spekulieren?**

Überlegen Sie, was Sie handeln wollen. Die wichtigsten Gruppen sind Indizes, Rohstoffe, Firmen, ganze Branchen und Währungen.

**2. Analysieren Sie die Gruppe!**

Suchen Sie nach Trends, Quartalszahlen,

Zinsentwicklungen und nach Meinungen. Ist die Gruppe eher werthaltig (value) oder wachstums orientiert (growth), wurden wichtige Chartmarken durchbrochen?

### 3. Spezifizieren Sie die Auswahl!

Legen Sie sich nun auf einen Wert aus der gewählten Gruppe fest, z.B. Gold oder den Euro-/USD-Kurs.

### 4. Steigen oder Fallen?

Wollen Sie auf steigende oder fallende Kurse spekulieren?

### 5. Definieren Sie Ihr Renditeziel!

Wie viel Prozent Rendite wollen Sie erreichen? Wie viel Prozent Verlust können Sie im „schlimmsten Fall" verkraften?

### 6. Definieren Sie Ihren Anlagehorizont/Ihre Risikobereitschaft!

Hohe Renditen in kurzer Zeit erfordern hohes Risiko. Wenn Sie diese Chance nicht nutzen wollen, springen Sie einen Schritt zurück. Machen Sie sich über eventuelle Hebel Gedanken.

## 7. Wo wollen Sie handeln?

Entscheiden Sie, ob Sie an einem deutschen Börsenplatz das Wertpapier kaufen wollen, im Ausland oder ggf. direkt beim Emittenten. Beachten Sie hierbei bitte die Anbindungen und Preise des Brokers, welchen Sie verwenden!

## 8. Suchen Sie erst jetzt gezielt nach den Produkten!

Warum erst jetzt? Ganz einfach, wenn Sie sich alle Fragen bisher beantwortet haben, können Sie schnell und gezielt suchen. Nutzen Sie dazu entsprechende Internetseiten oder die Suchformulare/-hilfen Ihres Brokers.

## 9. Überprüfen Sie das Produkt!

Entspricht der Hebel den Vorstellungen, wie weit ist der Schein evtl. von einer Knock-out-Schwelle entfernt, wann läuft er aus, wie oft wird er gehandelt, wie oft finden Kursfeststellungen statt? (Meist erkennen Sie es direkt am Chart - viele gerade Linien zeigen vereinfacht, dass wenig gehandelt wird).

**10. Vergewissern Sie sich, ob es wirklich das richtige Produkt ist!**

Wenn Ihnen inzwischen Zweifel gekommen sind, dann gehen Sie ein paar Schritte zurück. Vergleichen Sie Produkte und deren Charts miteinander. Und handeln Sie erst, wenn Sie wirklich das richtige Papier gefunden haben.

# Notizen - Das habe ich gelernt!

# Notizen - Das habe ich gelernt!

## 11. Kapitel
## Zehn Grundregeln für den Erfolg

Jede Regel könnte ein Buch füllen. Wir wollen hier zunächst die Grundgedanken zusammenfassen. Viele Regeln finden Sie in weiteren Kapiteln dieses Buches ausführlicher und tief greifender erklärt. Diese Regeln beziehen sich vorwiegend auf das Handeln mit derivativen Hebelprodukten.

**1. Seien Sie sich bewusst, dass Sie auch verlieren können!**

Derivative Hebelprodukte sind riskante Finanzprodukte, die hohe Renditen ermöglichen. Jedoch sind sehr hohe Renditen mit hohen Risiken verbunden. Führen Sie sich dieses Risiko vor Augen und akzeptieren Sie es. Wenn Sie es nicht akzeptieren, handeln Sie nicht „frei".

**2. Handeln Sie nur, wenn Sie handeln wollen, und nicht wenn Sie denken, dass Sie es müssen!**

Vermeiden Sie unnötigen Erfolgsdruck. Stehen Sie früh auf und blicken Sie in einen schönen Tag, seien Sie gut gelaunt, strahlen Sie Erfolg und Selbstvertrauen aus

- jetzt können Sie handeln. Wenn Sie schlecht gelaunt, entnervt, gestresst sind bzw. unter finanziellem Druck stehen, lassen Sie die Finger vom Handeln! Ihr Geist muss frei sein und Sie müssen Spaß am Handeln haben, ganz ohne Krampf. Versuchen Sie nicht auf „Teufel komm raus" Verluste zu beseitigen. Das geht unter Garantie schief. Hören Sie in diesem Fall für den Tag auf und analysieren Sie, was nicht optimal war.

### 3. Handeln Sie nicht unter Zeitdruck!

Finger weg, wenn Sie früh handeln möchten, jedoch in 30 oder 60 Minuten beispielsweise einen Arzttermin haben. Versuchen Sie nicht, in dieser Zeit Gewinne zu holen. Gewiss können Sie mit gehebelten Produkten Glück haben, aber was machen Sie, wenn sich der Schein überhaupt nicht bewegt? Mit Verlust verkaufen oder behalten Sie ihn und riskieren hohe Verluste, da er unbeobachtet im Depot liegt?

### 4. Informieren Sie sich über wichtige Termine des Tages!

Lesen Sie in der Tageszeitung oder im Internet nach, welche Daten im Laufe des Tages veröffentlicht werden sollen. Konjunkturdaten, allgemeine Wirtschaftsdaten, Indikatoren, Quartalszahlen großer Konzerne etc. sind wichtige Informationen, die den Finanzmarkt interessieren und ihn enorm beeinflussen können. Wenn 11.00 Uhr die Arbeitsmarktdaten veröffentlicht werden und wie durch ein Wunder 500.000 Arbeitsplätze hinzugekommen sind, dann wird dies wohl positive Effekte haben.

## 5. Beobachten Sie den Markt, versuchen Sie Muster zu erkennen und beobachten Sie weiter!

Steigen Sie nicht blind in ein Hebelprodukt ein, das auf steigende Kurse setzt, womöglich noch einen hohen Hebel hat, wobei beispielsweise der Deutsche Aktienindex schon 9.15 Uhr bei plus 2,5% notiert. Klar er kann steigen, aber wie hoch ist die Wahrscheinlichkeit, dass er bei 3% plus endet? (Dies gilt natürlich auch bei fallenden Kursen.)

## 6. Stellen Sie sich eigene Kauf- und Verkaufslimits auf und handeln Sie danach!

Sie wollen maximal 4 Cent Verlust mit einem Schein machen und er notiert genau jetzt auf diesem Level? Verkaufen Sie ihn. SOFORT. Hoffen Sie nicht, dass er eventuell wieder steigt. Verkaufen Sie!

## 7. Schalten Sie Ihre Emotionen in der „heißen Phase" weitestgehend aus!

Gut, wir wissen, dass dies recht schwierig ist. Bleiben

Sie cool, handeln Sie nach den selbst gesetzten Regeln und vergessen Sie vor allem die Gier!

**8. Sie haben gerade gehandelt. Holen Sie sich etwas zu trinken. Fangen Sie von vorn an!**

Ein Verkauf löst gewisse Gefühle aus, keine Frage. Jetzt können Sie diese wieder zeigen. Nur handeln Sie jetzt nicht. Lassen Sie es auf sich wirken, entspannen Sie kurz und fangen mit Ihren Beobachtungen von vorn an. Oder hören Sie für den Tag auf, wenn Sie schon gewonnen haben. Auch hier ist Gier unangebracht.

**9. Halten Sie hoch gehebelte Produkte nicht über Nacht!**

In Zeiten von Terror und Umweltkatastrophen können die Finanzmärkte innerhalb kurzer Zeit extrem schwanken. Der Eröffnungskurs eines Tages liegt nicht zwingend mit dem Schlusskurs des letzten Handelstages zusammen.

**10. Sie haben Ihr Tages-, Wochen- oder Monatsziel erreicht? Schön, hören Sie jetzt auf!**

Was wollen Sie noch mehr als eine 100-prozentige Erfüllung der eigenen Ziele? Was Sie haben, können Sie nicht mehr verlieren. Genießen Sie das Leben. Vergessen Sie niemals den Spruch: „Gier frisst Hirn". Die Gier frisst auch Ihr Geld.

# Notizen - Das habe ich gelernt!

# Notizen - Das habe ich gelernt!

# 12. Kapitel
# Das sollten Sie auf jeden Fall vermeiden

Nachdem wir Ihnen die entsprechenden Hinweise gegeben haben, wie Sie erfolgreich an der Börse Geld verdienen, möchten wir noch einmal unterstreichen, was Sie auf jeden Fall tunlichst vermeiden sollten. Es sind vermehrt Erfahrungen, die wir im Laufe der Jahre gemacht und uns stellenweise sehr viel Geld und Nerven gekostet haben. Machen Sie also nicht die gleichen Fehler.

1. Erinnern Sie sich noch an das Kapitel Kapitalaufbau? Handeln Sie bitte niemals mit Fremdkapital. Wenn Sie Geld an der Börse investieren, sollten Sie dieses übrig haben. Verschulden Sie sich nicht bei Freunden, Verwandten, Banken oder gar Brokern.

2. Handeln Sie niemals übereilt, hektisch oder auf Krampf. Es gibt insgesamt 365 Tage im Jahr, wovon Sie rund 250 Tage an der Börse aktiv sein können. Sie werden Ihre Chance definitiv bekommen. Also lassen Sie sich Zeit.

3. Falls Sie mehr als einen Wert in Ihrem Depot haben sollten und ein Wert gegen Ihre Erwartungen läuft, versuchen Sie bitte nicht, den Verlust mit anderen Depotgewinnen auszugleichen. Trennen Sie sich gleich vom verlustbringenden Wert und handeln Sie mit den anderen Werten, als müssten keine Verluste ausgeglichen werden.

4. Nach einem Misserfolg sollten Sie nie den Kopf in den sprichwörtlichen Sand stecken. Nur weil Sie einmal daneben gegriffen haben, heißt das nicht, dass Sie ein ungeeigneter Börsianer sind. Wenn Sie unsicher sein sollten, dann versuchen Sie es einfach wieder mal auf dem Papier oder in Musterdepots. Überdenken Sie Ihre Grundeinstellung.

5. Geldgier ist das Schlimmste, was Ihnen passieren kann. Haben Sie ein gutes Geschäft am Tag gemacht, geben Sie sich damit zufrieden. Versuchen Sie nicht auf „Teufel komm raus" noch mehr zu gewinnen. Es kommt Sie unter Umständen teuer zu stehen.

6. Regeln sind dafür da, dass Sie eingehalten werden. Wenn Sie sich also einen gedanklichen Stop-Loss setzen und der Wert erreicht den Stop-Loss-Kurs, dann steigen Sie auch aus. Beobachten Sie den Markt erneut und steigen gegebenenfalls zu einem besseren Zeitpunkt erneut ein.

7. Versuchen Sie stark gehebelte Produkte möglichst nicht über Nacht zu halten. In Zeiten von vermehrten Umweltkatastrophen und Terrorismus wissen Sie nie, was am nächsten Morgen mit den Märkten passiert. Also lieber mit kleinen Verlusten verkaufen. Sie bekommen Ihre Chance.

8. Wenn Sie ein Wertpapier verkauft haben, dann wird dieser Verkauf hoffentlich positive Emotionen hervorrufen - aber auch negative sind möglich. Lassen Sie sich nicht von den Gefühlen tragen und rennen nicht gleich in das nächste Wertpapier. Gönnen Sie sich zumindest eine kleine Kaffeepause.

9. Falls Sie von einer Krankheit heimgesucht werden, dann bleiben Sie bitte im Bett. Erholen Sie sich, damit Sie wieder fit in die nächsten Handelstage einsteigen können. Versuchen Sie nicht, sich mit Medikamenten zu pushen, es wird Ihre Konzentrationsfähigkeit vor dem Computer nur unwesentlich verbessern, wenn nicht gar verschlechtern.

10. Haben Sie Geduld, Geduld und noch mehr Geduld. Sollten Sie keine Einstiegsmöglichkeit finden, so erfinden Sie bitte keine. Ihre Chance wird kommen. Sofern sich Ihr Wertpapier in die falsche Richtung bewegt, handeln Sie strikt nach den vorher gesetzten Regeln - hier hat Geduld wenig verloren.

# Notizen - Das habe ich gelernt!

# Notizen - Das habe ich gelernt!

## 13. Kapitel
## Positiv Denken - angstfrei Handeln

Sollten Sie zu den wenigen Personen gehören, die problemlos mehrere tausend Euro per Mausklick investieren können, Risiken auch zu 100% akzeptieren, dann können Sie das Kapitel ruhigen Gewissens überspringen.

Zunächst sei gesagt, dass es keine Schande ist, es sich nicht zu trauen beispielsweise 5.000 Euro in einen bestimmten Call zu investieren. Es ist viel Geld und Sie mussten hart arbeiten, um das Geld zur freien Verfügung zu haben.

Investieren Sie doch nicht gleich 5.000 Euro, es tun auch 1.000 bis 2.000 Euro. Nur weniger als 1.000 Euro sollten Sie, sofern möglich, umgehen, da dann die Gebühren und der Spread einen Großteil der Gewinne aufzehren und Sie sich somit unter einen unnötigen Renditedruck setzen.

Werden Sie sich klar darüber, was Sie mit Ihrem Geld machen. Richtig, Sie investieren es. Sie investieren es selbst. Sie können es auch anderen Leuten geben,

Fondsmanagern zum Beispiel oder einfach Ihrer Bank. Ihre Bank zahlt vielleicht 1,5 bis zwei Prozent Zinsen im Jahr, bei etwa ein bis zwei Prozent jährlicher Inflationsrate. Sie sehen, das ist kein guter Weg. Bleibt noch ein Fondsmanager. Aber Sie stehen da vor der Wahl, wem Sie das Geld anvertrauen. Es gibt gute Fonds, die auch in schlechten Börsenzeiten über 20% Rendite jährlich erwirtschaften. Andere machen selbst in guten Börsenzeiten wie 2005 Verluste. Das heißt also, dass Sie wieder schauen müssen um richtige Entscheidungen zu treffen.

Eine Entscheidung müssen Sie so oder so treffen. Nur wenn Sie mit Ihrem Geld selber handeln, schaffen Sie vielleicht in einer Woche oder gar an einem Tag 20% Rendite. Es ist möglich. Stellen wir uns mal vor, Sie werfen vor jedem Kauf eines Knock-outs oder Optionsscheins eine Münze. Die Münze sagt Call oder Put. Sie werfen die Münze an einem Tag zehnmal. Zu verschiedenen Zeitpunkten. Die Wahrscheinlichkeit, dass Sie zehnmal daneben liegen ist verschwindend gering. Selbst wenn Sie sechsmal daneben liegen, wissen Sie wie Sie Verluste minimieren können. Es können dann lediglich vier wirklich erfolgreiche Geschäfte ausreichen um die Verluste auszugleichen, und schon wieder in der Gewinnzone zu liegen. Es ist wie André Kostolany sagt: „Ein guter Börsianer ist wie ein guter Skatspieler. Mit guten Karten gewinnt er mehr, als er mit schlechten verliert". Sie glauben uns nicht? Nehmen wir an, Sie verlieren in sechs aufeinander folgenden Börsengeschäften jeweils zehn Prozent. Aus 1.000 Euro haben Sie etwa 530 Euro gemacht. Mit diesen 530 Euro haben Sie jetzt noch vier erfolgreiche Wertpapiere. Und jetzt raten Sie einmal, wie viel Prozent Rendite Sie jeweils erreichen müssen, um wieder auf 1.000 Euro zu kommen? Es sind weniger als 20!

Haben Sie sich zu einem Kauf in einem Moment entschieden, dann klicken Sie auch auf den letzten Button, um die Order freizugeben. Wenn Sie zögern und überlegen, ist der Kurs, den Sie wollten, eventuell schon wieder Vergangenheit, und Sie kaufen vielleicht fünf Cent zu teuer ein. Und der Trend ist vorbei.

Daytrading ist nervlich sehr anstrengend, keine Frage. Wenn Sie es nicht alleine schaffen, versuchen Sie es mit Ihrem Lebenspartner, mit dem Freund, der Freundin, mit der Mutter, dem Vater oder dem Sohn zusammen. Die Voraussetzung ist natürlich, dass die zweite Person auch Interesse am Börsengeschehen hat. Über das Internet können Sie neuerdings sogar kostenlos miteinander telefonieren. Sie müssen also nicht am selben Computer sitzen. Dies wird Ihnen enorm helfen.

Wenn Ihnen die Zeit zum Daytrading fehlt, dann planen Sie etwas länger. Suchen Sie Wochen- oder gar

Monatstrends, Branchentrends oder gar unterbewertete Aktien. Je mehr Sicherheit Sie wollen, desto niedriger wird die Rendite ausfallen. Arbeiten Sie mittelfristig mit Knock-outs und Optionen, achten Sie darauf, dass Sie geringe Hebel haben. Es kann sehr schmerzhaft für das Depot enden, wenn Sie Scheine mit einer hohen Hebelwirkung unbeobachtet im Depot liegen lassen.

Und - als letzte Überlegung hier - verlieren Sie kein Geld, das Sie zwingend zum Leben brauchen: Handeln Sie nur mit Geld, das Sie für den Finanzmarkt übrig haben, und das Sie auch investieren wollen!

# Notizen - Das habe ich gelernt!

..................................................................
..................................................................
..................................................................
..................................................................
..................................................................
..................................................................
..................................................................
..................................................................
..................................................................
..................................................................
..................................................................
..................................................................
..................................................................
..................................................................
..................................................................
..................................................................
..................................................................

# Notizen - Das habe ich gelernt!

..............................................................................
..............................................................................
..............................................................................
..............................................................................
..............................................................................
..............................................................................
..............................................................................
..............................................................................
..............................................................................
..............................................................................
..............................................................................
..............................................................................
..............................................................................
..............................................................................
..............................................................................
..............................................................................

## 14. Kapitel
## Welcher Anlagetyp sind Sie?

Der Erwerb dieses Handbuches zeigt schon, dass Sie die grundlegende Eigenschaft haben, Ihr Geld anlegen zu wollen, um es erfolgreich und gezielt zu vermehren. Wir gehen hier kurz auf die verschiedene Arten von Anlegertypen ein und Sie müssen letztlich selbst entscheiden, wer Sie sind oder wer Sie sein wollen.

**Sind Sie der unsichere/ängstliche/vorsichtige Anleger?**

Sie haben Geld zur freien Verfügung, aber Sie haben auch Angst, das zu verlieren. Sie informieren sich regelmäßig über aktuelle Finanzanlagemöglichkeiten, wissen nur nicht wie Sie diese auch richtig verstehen und interpretieren. Vielleicht haben Sie bereits Ihr Geld anderweitig investiert und sind durch Verluste in vergangenen Jahren verunsichert.

Wenn Sie nicht ruhig schlafen können, während Ihr Geld für Sie arbeitet, lassen Sie zunächst die Finger davon und versuchen Sie sich der Thematik erneut in langsamen Schritten zu nähern. Dieses Buch beinhaltet einige Kapitel, welche sich mit der grundlegenden Einstellung zu oder für Investitionen und mit der Bekämpfung der Angst davor beschäftigen. Lesen Sie sich die entsprechenden Kapitel mehrfach in Ruhe durch und versuchen Sie, den Grundgedanken nachzuvollziehen.

Und Sie sollten bedenken, dass eine jährliche Inflationsrate von vielleicht zwei Prozent und Ihr Sparzins von 1,7% p.a. schon automatisch dazu führen, dass Ihr Vermögen jährlich schrumpft. Ihr Geld muss also für Sie arbeiten, damit Sie es nicht verlieren. Vertrauen Sie dabei nicht blind den Bankberatern. Sie bieten in den meisten Fällen die Produkte mit der höchsten Vermittlungsprovision an - und das sind sicherlich nicht immer die besten Produkte für Ihr Geld.

**Sind Sie ein penibler Analyst?**

Die Information ist für Sie alles. Sie lesen täglich interessiert Wirtschaftsberichte und haben bereits einige Erfahrungen mit Anlagen gesammelt. Eventuell investieren Sie gegenwärtig bereits in Fonds oder Aktien. Sie sind u.U. mit den geringen Renditen unzufrieden. Sie wälzen „Tonnen von Berichten", bevor Sie eine Entscheidung treffen. Entscheidungen aus dem „Bauch heraus" sind für Sie tabu.

Ihnen sei gesagt: Sie sind auf dem richtigen Weg! Machen Sie sich bewusst, dass Gewinne immer auf Ihren richtigen Entscheidungen basieren. Sie investieren langfristig gesehen in Aktien und haben einfach nicht die Zeit, sich mehrmals täglich um Aktienkurse zu kümmern, weil Sie beruflich zu sehr eingespannt sind.

Gehen Sie genau jetzt ein höheres Risiko ein, indem Sie

an Stelle der jeweiligen Aktien auf gering gehebelte Optionsscheine oder Knock-outs setzen. Mit geringen Hebeln können Sie auch mittelfristig sehr erfolgreich sein. Steigt Ihre Aktie in zwei Wochen um fünf Prozent und Sie haben es vierfach gehebelt, so haben Sie grob gerechnet statt fünf schon 20 Prozent Rendite!

**Sie könnten auch ein Draufgänger und Spieler sein?**

Sie machen sich keine Sorgen um Geld. Auch Entscheidungen sind für Sie kein Problem. Sie treffen Entscheidungen aus dem Bauch heraus und machen sich keine Gedanken darüber. Analysieren und Informationen sammeln sind nicht Ihr Ding. Sie haben einfach Spaß an dem, was Sie tun, wodurch Erfolge nicht die oberste Priorität haben.

Natürlich verfügen Sie schon über einige wichtige Grundeigenschaften, um ins Daytrading einzusteigen, denn Sie haben keine Angst vor Entscheidungen. Sie sind bereit, Risiken einzugehen. Fangen Sie aber erst mit dem Handeln an, wenn Sie sich selbst disziplinieren können. **Ein reiner Spieler hat an der Börse nichts zu suchen!** Ihr Geld ist schneller verloren, als Sie denken. Seien Sie besonders vorsichtig, wenn anfänglich u.U. sogar zufällige Erfolge entstehen. Es ist wirklich nur reiner Zufall und Glück gewesen. Sollten Sie auf Dauer Glück haben, können Sie auch Lotto spielen - dort können Sie mehr gewinnen.

## Sind Sie gar ein Börsianer oder Fuchs?

Weil Sie sich bereits lange Zeit mit dem Thema „Börse" beschäftigen, erkennen Sie Trends und haben bereits mehrfach bewiesen, dass Sie den richtigen Riecher haben, wenn es um die Bekanntgabe von Wirtschaftsdaten oder Bilanzen geht. Dann sind Sie professionell genug, um zu wissen, wo und wie Sie mehrere Tausend Euro investieren. Sie fühlen sich dabei auch sicher. Sie haben die nötige Disziplin und rennen nicht in jede Chance. Sie steigen aus Wertpapieren aus, wenn Ihre Limits erreicht sind.

Was sollen wir zu Ihnen noch sagen? Machen Sie weiter so. Sie haben sich dieses Handbuch wahrscheinlich erworben, um das Wissen über Hebelprodukte zu erweitern.

-

Jeder der sich nicht als Börsianer sieht, sollte diesen Typ als Vorbild und Ziel vor Augen haben. Sein Niveau zu erreichen, wird nicht leicht sein, aber lohnen wird es sich auf jeden Fall.

# Notizen - Das habe ich gelernt!

# Notizen - Das habe ich gelernt!

## 15. Kapitel
## Aus Erfolgen lernen

Demnächst werden Sie das eigene Depot eröffnen oder „entstauben". Das Wichtigste dabei: Sie fangen an zu handeln und lassen das Geld für Sie arbeiten - und nur für Sie. Es arbeitet kein Fondsmanager, der sich an den Erfolgen beteiligen lässt und auch bei Misserfolgen dennoch ein festes Gehalt kassiert. Seien Sie der Chef Ihres eigenen Unternehmens.

Mit der Zeit werden Sie im Umgang mit Aktien, Optionsscheinen und Knock-outs geübter. Sie erzielen erste Gewinne. Und das auch über einen längeren Zeitraum durchaus konstant. Sehr erfreulich, dass Sie dann die ersten Hürden auf dem Weg zum erfolgreichen Börsianer genommen haben!

Im Laufe der Zeit werden Sie sicherlich auch Fehler machen - das ist nur allzu menschlich. Ihre Fehler analysieren Sie, wie wir es vorschlagen. Worauf wir jedoch noch nicht eingegangen sind, ist, dass Sie auch aus den Erfolgen lernen müssen. Stellen Sie sich nach jedem erfolgreichen Geschäft auch solche Fragen:

- Warum bin ich zu diesem Zeitpunkt eingestiegen (zu früh oder zu spät)?

- Bin ich zu teuer eingestiegen?

- Welche Strategie habe ich verfolgt?

- Kann ich wiederkehrende Muster erkennen, um solche Gewinne zu wiederholen?

- War der Zeitpunkt des Verkaufs richtig (zu früh oder zu spät)?

Wie Sie sich erinnern, haben wir bereits angemerkt, dass jeder Gewinn schon auf richtigen Entscheidungen basiert. Das ist auch weiterhin absolut richtig. Aber es muss ja nicht zwangsläufig bedeuten, dass es keine besseren Entscheidungen geben würde. Optimieren Sie die Art und Weise Ihres Handelns kontinuierlich und gewissenhaft. Wir bestätigen Ihnen gern: Es wird Sie weiterbringen, durch mehr Wissen, Ruhe und Erfahrung. Denn es kann Ihnen doch nichts Besseres passieren, als dass Sie ein Muster in Charts oder Nachrichten erkennen, wodurch Sie eindeutig die Richtung eines Kurses ableiten! Sie haben dann sogar Ihre eigene Strategie entwickelt, die Sie uns natürlich gerne mitteilen können.

Merken Sie sich einfach folgenden Satz: „Jeder Stillstand ist ein Schritt zurück".

# Notizen - Das habe ich gelernt!

# Notizen - Das habe ich gelernt!

## 16. Kapitel
## Börsenweisheiten

---

- „Never catch a falling knife" („Fasse niemals in ein fallendes Messer")

- „The trend is your friend" („Der Trend ist dein Freund")

- „Investiere bei einem Goldrausch nicht in die Goldgräber, sondern in Schaufeln." - André Kostolany

- „Was ist ein Spekulant? Ein Mann, der ohne einen Pfennig Geld in der Tasche Austern bestellt, in der Hoffnung, mit einer darin gefundenen Perle zahlen zu können." - Unbekannter Autor

- „Einer Straßenbahn und einer Aktie darf man nie nachlaufen. Nur Geduld: Die nächste kommt mit Sicherheit." - André Kostolany

- „Gewinnen kann man, verlieren muss man." - André Kostolany

- „Die ganze Börse hängt nur davon ab, ob es mehr

Aktien gibt als Idioten - oder umgekehrt." - André Kostolany

• „Kaufen und Halten funktioniert nur in Bullenmärkten." - Jeff Cooper

• „Wenn du weißt, wohin die Kurse sich bewegen werden, dann erzähle es deinem Hund. Hast du keinen Hund, dann schreibe es auf ein Blatt Papier und wirf es in den Papierkorb." - Joe Ross

• „Wer den ganzen Tag arbeitet, hat keine Zeit, Geld zu verdienen." - Rockefeller

• „Wenn es um Geld geht, gibt es nur ein Schlagwort: MEHR!" - André Kostolany

• „Wenn man jung ist, denkt man, Geld sei alles, und erst wenn man älter wird, merkt man, dass es alles ist." - Oscar Wilde

• „Wie wird man zum Spekulanten? Wie ein unschuldiges Mädchen zu dem ältesten Beruf der Menschheit kommt. Man fängt an aus Neugierde, dann macht man es aus Spaß und zum Schluss für das Geld." - André Kostolany

- „Wer sich nach den Tipps von Brokern richtet, kann auch einen Friseur fragen, ob er einen neuen Haarschnitt empfiehlt." - Warren Buffet

- „Wenn alle Spieler auf eine angeblich todsichere Sache spekulieren, geht es fast immer schief." - André Kostolany

- „Man sollte in verschiedene Aktien investieren, denn von fünf Aktien ist eine super, eine absolut schlecht und drei sind okay." - Peter Lynch

- „Konzentrieren Sie Ihre Investments. Wenn Sie über einen Harem mit vierzig Frauen verfügen, lernen Sie keine richtig kennen." - Warren Buffet

- „Börse ist völlig unkompliziert, Börse macht Spaß, Börse ist spannend." - Michael Mross

- „An der Börse sind 2 mal 2 niemals 4, sondern 5 minus 1. Man muß nur die Nerven haben, das Minus 1 auszuhalten." - André Kostolany

- „Weil du die Augen offen hast, glaubst du, du siehst." - Johann Wolfgang von Goethe

# Notizen - Das habe ich gelernt!

# Notizen - Das habe ich gelernt!

# 17. Kapitel
# 20 Fragen, die Ihr Wissen testen. Sind Sie bereit?

Sie haben es so gut wie geschafft. Zum Schluss haben wir für Sie einen kleinen Wissenstest vorbereitet. Bitte, nehmen Sie sich die Zeit und beantworten Sie alle Fragen. Seien Sie ehrlich zu sich selbst. Wenn Sie sich unsicher sind, blättern Sie einfach ein paar Seiten zurück, und suchen Sie nach der richtigen Antwort.

**1. Was beschreibt das Kurs-Gewinn-Verhältnis (KGV)?**

a) den Gewinn des Basiswerts im Vergleich zum Optionsschein

b) die Differenz zwischen dem Aktiengewinn und dem Unternehmensgewinn

c) das Verhältnis des aktuellen Aktienkurses zum aktuellen Unternehmensgewinn je Aktie

## 2. In welcher Stadt befindet sich das größte börsliche Handelssegment für verbriefte Derivate?

a) Berlin

b) Stuttgart

c) München

## 3. Welche Börsenstrategie sollten Sie wählen?

a) Verluste minimieren und Gewinne optimieren

b) viele Wertpapiere im Depot halten, um möglichst überall zu profitieren

c) immer am Tiefststand ein- und am Höchststand aussteigen

## 4. Sie sind ein vorsichtiger Anleger, für welches der drei Wertpapier entscheiden Sie sich?

a) Knock-out

b) Optionsschein

c) Aktien

## 5. Woraus setzt sich der Wert eines Optionsscheins zusammen?

a) Inneren Wert und dem Zeitwert

b) Basispreis multipliziert mit dem Hebel

c) Differenz zwischen Underlying und dem Inneren Wert

## 6. Was ist der Hauptunterschied zwischen Optionsschein und Knock-out?

a) ein Knock-out hat keinen Zeitwert

b) Knock-outs setzen ausschließlich auf fallende Werte

c) ein Knock-out ist dynamischer als ein Optionsschein

## 7. Welches Verhältnis gibt der Hebel bei Optionsscheinen an?

a) er stellt das Verhältnis zwischen dem Kurs des Basiswertes und dem Kurs des Optionsscheines dar

b) er stellt das Verhältnis zwischen dem Kurs des Basiswertes und dem des inneren Wertes dar

c) er stellt das Verhältnis zwischen dem Kurs des Basiswertes und dem des Zeitwerts dar

## 8. Was ist eine Knock-out-Barriere?

a) ab diesen Punkt steigt der Wert des Knock-outs erheblich

b) an diesen Punkt ist das Knock-out wertlos

c) ab jetzt haben Sie nur noch 30 Tage Zeit den Knock-out zu handeln

## 9. Was sollten Sie tun, wenn Sie noch nie mit Aktien gehandelt haben?

a) ich eröffne ein Depot, zahle Geld ein und beginne unverzüglich mit meinem neuen Geschäft

b) ich werde mein Wissen vertiefen und anfangen, in einem Musterdepot mit virtuellem Geld zu handeln

c) ich nehme einen Kredit auf, damit ich genügend Geld zur Verfügung habe, um mit Aktien zu handeln

## 10. Was ist eine WKN?

a) die Wertpapier-Kenn-Nummer, dient zur eindeutigen Identifikation von Wertpapieren

b) ausgeschrieben Wert-Kurs-Niveau, gibt das Kursniveau des Unternehmens an

c) Wertpapier-Kauf-Nummer, gibt an wie oft das Wertpapier ausgegeben wurde

## 11. Um was für einen Chart handelt es sich in der nachfolgenden Abbildung?

a) Linienchart
b) Barchart
c) Candlestickchart

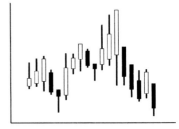

## 12. Was versteht man unter einem unteren Widerstand?

a) wenn der Chart eine bestimmte Marke nicht durchbricht und immer wieder auf ein niedrigeres Kursniveau zurückfällt

b) der Chart fällt immer wieder auf ein Niveau herab, ohne dieses zu durchbrechen

c) ist ein Punkt im Chart, den der Chart nie durchbrechen darf

## 13. Was ist mit einem gleitenden Durchschnitt gemeint?

a) es ist ein Wert, der den Durchschnitt der gehandelten Stückzahl angibt

b) der Durchschnittswert aller Aktien, die am Markt handelbar sind

c) eine Trendlinie, die aus den Mittelwerten von Schlussnotierungen gebildet wird

## 14. Was versteht man unter dem Begriff Volatilität?

a) er gibt die Schwankungsbreite eines Wertpapiers an

b) es ist ein anderer Begriff für das Handelsvolumen

c) es ist ein Begriff für eine bestimmte Chartlinie

**15. Was versteht man unter der Fälligkeit im Zusammenhang mit Knock-outs?**

a) ab diesen Tag reagiert der Knock-out noch stärker auf Kursschwankungen

b) an diesen Tag verfällt der Knock-out wertlos

c) nur bis zu diesem Zeitpunkt können Sie den Knock-out handeln

**16. Was ist das Ziel des Kanalyzing-Verfahrens?**

a) Trendkanäle im Intraday-Chart zu finden

b) langfristige Trends in Jahrescharts zu nutzen

c) bei einem Tiefststand kaufen und am Höchststand verkaufen

**17. Was machen Sie, wenn sich Ihr Wertpapier gegen Ihre Vorstellungen entwickelt?**

a) Sie halten das Wertpapier, da eine kurzfristige Korrektur meist eintritt

b) Sie kaufen sofort nach, da Sie sich sicher sind, dass der Wert steigen wird

c) Sie haben sich vor dem Kauf für eine Stop-Loss-Marke entschieden, Sie steigen erst aus, wenn diese erreicht ist

## 18. Sie haben ein sehr erfolgreiches Geschäft getätigt, was machen Sie jetzt?

a) da Sie den nächsten Trendkanal schon entdeckt haben, machen Sie sofort weiter und hoffen Ihre Gewinne auszubauen

b) Sie hören für Heute auf und freuen sich über Ihre Rendite

c) Sie beobachten das Wertpapier weiter, in der Hoffnung noch mal einsteigen zu können

## 19. Wie handeln Sie, nachdem Sie ein Geschäft im Verlust abgeschlossen haben?

a) Sie ärgern sich kurz und setzen sofort auf den gegenläufigen Trend

b) Sie suchen sofort nach einem alternativen Wertpapier

c) Sie machen eine kurze Pause und analysieren danach Ihren Fehler, und betrachten dann die Situation neu

## 20. Was führt zu hohen Verlusten?

a) schlechte Börsenlage

b) Auswahl der falschen Wertpapiere

c) Gier

Die Lösungen befinden sich auf der nächsten Seite.

Die Lösung:

1c, 2b, 3a, 4c, 5a, 6a, 7a, 8b, 9b, 10a, 11c, 12b, 13c, 14a, 15c, 16a, 17c, 18b, 19c, 20c

# Notizen - Das habe ich gelernt!

# Notizen - Das habe ich gelernt!

..................................................................
..................................................................
..................................................................
..................................................................
..................................................................
..................................................................
..................................................................
..................................................................
..................................................................
..................................................................
..................................................................
..................................................................
..................................................................
..................................................................
..................................................................
..................................................................

# 18. Kapitel
## Resümee - Ausblick

Liebe Leserin, lieber Leser, Sie sind nun am Ende dieses kleinen Handbuchs angekommen. Sie haben erfahren, wie die Börse im Allgemeinen funktioniert, wie Sie stärker von Aktienkursen profitieren können, auch wenn diese fallen. Ebenso haben Sie einige Strategien sowie Verhaltensregeln für die Börse kennen gelernt. Wenn Ihnen dieses Wissen noch nicht ausreicht, stehen wir natürlich jederzeit gern zur Verfügung.

Nun sind Sie an der Reihe. Fangen Sie vollkommen unbefangen an. Nehmen Sie sich die Zeit und erarbeiten Sie Ihre individuelle Finanzstrategie. Schreiben Sie diese auf und setzen Sie sich damit feste Ziele. Halten Sie sich konsequent daran und überprüfen Sie regelmäßig, ob Sie Ihre Ziele auch erreicht haben. Prüfen Sie ggf., warum Sie es nicht geschafft haben.

Wir haben uns bemüht, Ihnen alles einfach und verständlich zu erklären und, soweit es möglich war, auf „Fachchinesisch" verzichtet. Sollten Sie dennoch einige Punkte nicht verstanden haben, lesen Sie die entsprechenden Kapitel einfach noch einmal. Falls Sie damit auch nicht weiterkommen und Fragen offen bleiben, besuchen Sie einfach unsere Internetseite (www.rendite-handbuch.de). Dort finden Sie zu den Kapiteln weiterführende Links und Texte, die insbesondere aufgrund der Aktualität von Weblinks hier nicht abgedruckt sind.

Um den Gedanken unserer Einleitung einmal aufzugreifen: Wir haben Ihnen gezeigt, wie ein Fluss strömen kann und welche Einflüsse auf ihn einwirken. Weiterhin können Sie sich ein Boot beschaffen, dies auch navigieren und steuern. Tipps, wie Sie die großen „Fischschwärme" finden können, haben Sie auch bekommen. Was nun noch fehlt ist, dass Sie, und nur Sie, sich ein Boot kaufen, es zu den großen Schwärmen lenken und dort die großen Fische angeln.

Zudem würden wir uns über Hinweise von Ihnen freuen, so dass wir in späteren Auflagen besser auf Ihre Wünsche und Fragen eingehen können. Schließlich soll dieses Buch Ihnen und Ihrem Geld weiterhelfen.

In diesem Sinne


Ihr Frank Helbing und Ihr Jan Lippert